Professor Dr. Reinhard Franzke

Stilleübungen und Fantasiereisen

Moderne Wege der Pädagogik?

Ein Plädoyer für okkultfreie Schulen

alpha press
verlag für erziehung, wissenschaft und ethik

CIP – Titelaufnahme der Deutschen Bibliothek

Reinhard Franzke
Stilleübungen und Fantasiereisen
Moderne Wege der Pädagogik?
Ein Plädoyer für okkultfreie Schulen

10. Auflage Hannover 2008

© Dr. Reinhard Franzke, Hannover 1997
alpha press, verlag für erziehung, wissenschaft und ethik

Alle Rechte vorbehalten

Umschlagidee: Reinhard Franzke
Satz: Multimedia-Bachor
Umschlag: Gerhard Friesen

ISBN 978-3-935765-01-5

Inhaltsverzeichnis

Vorwort   7

Einleitung   13

1. Grundannahmen und
   Grundmuster okkulter Praktiken   15

2. Stilleübungen und Fantasiereisen:
   Strukturmerkmale   19
   2.1 Ein Beispiel 19
   2.2 Bewußtseinstransformation und Trance - Induktion 20
   2.3 Außerkörperliche Reisen 22
   2.4 Kommunikation mit unsichtbaren Wesen und Mächten 24
   2.5 Magische Praktiken und übernatürliche Fähigkeiten 25

3. Deutungsversuche   27
   3.1 Die schamanische Sicht 27
   3.2 Die fernöstliche Sicht 32
   3.3 Die esoterische Sicht 36
   3.3.1 Sektenwerbung 36
   3.3.2 Astralreisen 37
   3.3.3 Fantasiereisen im NLP 38
   3.3.4 Kreatives Visualisieren („Stell Dir vor") 43
   3.4 Die hypnotische Sicht 44
   3.5 Die biblische Sicht 50
   3.6 Die wissenschaftliche Sicht 57
   3.7 Die medizinisch - psychologische Sicht 58
   3.8 Die rechtliche Sicht 60

Inhaltsverzeichnis

4.	**Exkurs**	**63**
4.1	Mandalas: Wege zum Geistführer	63
4.2	Geisterbeschwörung: Pendeln und Gläserrücken	67
5.	**Was tun? Auswege!**	**69**
5.1	Okkultfreie Schulen schaffen	69
5.2	Ratschlag an die Eltern	72
5.3	Alternative Wege	73
6.	**Anhang**	**75**
6.1	Erlebnisberichte	75
6.2	Ausbildungsstätten und -kurse	80
6.3	Glossar	86
6.4	Literaturverzeichnis	93

Vorwort

Adressaten dieser Broschüre sind in erster Linie **Eltern**, deren Kinder Grundschulen und Kindergärten besuchen, aber auch

- Lehrer / Lehrerinnen
- Erzieher / Erzieherinnen
- Kindergärtner / Kindergärtnerinnen
- Pädagogen, Sozialpädagogen, Religionspädagogen
- Erziehungswissenschaftler
- Theologen, Pastoren, Religionslehrer und
- Politiker, denen unsere Kinder wirklich am Herzen liegen sowie
- Gläubige christlicher Gemeinden

Gegenstand dieser Broschüre sind einige vermeintlich moderne Wege der Pädagogik, wie z. B. die weitverbreiteten „Stilleübungen" und „Fantasiereisen" (auch Traumreisen).

Andere (besorgniserregende) Methoden wie z. B. Kinesiologie, Edu - Kinestetik, Brain - Gym, Suggestopädie, Superlearning, NLP usw. sollen in einer zweiten Broschüre diskutiert werden.

Ziel dieser Broschüre ist die Aufklärung der oben genannten Adressatengruppen über Wesen und Gefahren, Ursprung und Hintergründe von „Stilleübungen" und „Fantasiereisen".

Ausgangspunkt und Motiv sind Erfahrungen mit meinem Sohn, der mir wiederholt über recht merkwürdige Übungen im Unterricht berichtete, die ich vor dem Hintergrund meiner Studien über fernöstliche Religionen, Esoterik, New Age und Schamanismus sowie meiner Kontakte zu Afrika und Afrikanern als höchst bedenklich ansehen mußte.

Vergleichbare Berichte erhielt ich dann aus verschiedenen anderen Schulen und Kindergärten, darunter auch aus dem christlichen Kindergarten meines Sohnes. Studenten berichteten mir dann, daß an Berufsschulen sogar sog. Astralreisen durchgeführt würden.

Vorwort

Aus Sorge um das Wohl meines Kindes sah ich mich gezwungen, den Kindergartenplatz zu kündigen und mein Kind auf eine christliche Schule zu geben.

Besonders motiviert zu dieser Broschüre haben mich allerdings die befremdlichen Reaktionen der Schulverwaltung und der Presse; unter anderem wurde mir vorgeworfen, ich würde Unruhe in der Elternschaft verbreiten.

Trotzdem bin ich der Meinung, daß die Eltern ein Recht haben, zu wissen, was mit ihren Kindern in Schulen und Kindergärten passiert.

Mit dieser Broschüre will ich deshalb das mir gegenwärtig vorliegende Wissen zum Thema „Stilleübungen" und „Fantasiereisen" an die genannten Adressatengruppen weitergeben.

Dabei möchte ich nicht verschweigen, daß mich das Studium der hier referierten Literatur von der Wahrheit der biblischen Sicht überzeugt hat.

Da sich diese Broschüre nicht in erster Linie an die Wissenschaft, sondern an Berufstätige wendet, deren Zeit knapp ist, sollte der Text so kurz wie möglich, leicht verständlich und dennoch wissenschaftlich fundiert sein.
Um möglichst viele Informationen auf wenig Raum unterzubringen, habe ich häufig zum Mittel der bloßen Aufzählung - ohne weitere Erläuterung - gegriffen.

Die Broschüre ist so aufgebaut und verfaßt, daß jedes Kapitel, jeder Abschnitt eine selbständige Einheit darstellt und nach Möglichkeit für sich allein gelesen und verstanden werden kann. Dabei lassen sich Wiederholungen im Gesamttext nicht immer vermeiden.

Einige Leser - insbesondere Wissenschaftler, aber auch Esoteriker - wird dieser Text nicht überzeugen. Soweit daraus Angriffe resultieren, möchte ich darauf verweisen, daß diese Broschüre im wesentlichen

Vorwort

vorliegende Literatur anderer Autoren zusammenfaßt und möglichst exakt wiedergibt. Insoweit bitte ich darum, die Kritik und die Angriffe an die hier zitierten Autoren zu adressieren.

In methodischer Hinsicht versuche ich, interdisziplinäre Zusammenhänge herzustellen, Texte ernstzunehmen und mit offenen Augen zu lesen - zuweilen auch zwischen den Zeilen.

Ich wünsche mir, daß diese Broschüre Eltern in die Lage versetzt, sich ein eigenes, unabhängiges Urteil zum Thema „Stilleübungen" und „Fantasiereisen" zu bilden.

Einleitung

Einleitung

Unsere Schulen, insbesondere die Grundschulen, befinden sich in einem rasanten Wandel. Immer mehr Lehrer greifen zu Entspannungs-, Wahrnehmungs-, Körper- und Atemübungen. Sie lassen die Kinder „Stille üben", entspannen und meditieren. Sie praktizieren mit ihren Schülern Yoga, Autogenes Training, Qi Gong und Tai Chi. Viele Lehrer - allen voran die Religionslehrer - lassen Schüler das „Pendel" oder (beim Gläserrücken) „Totengeister" befragen. Schüler sollen auf Linien balancieren, liegende „Achten" sowie Mandalas malen oder ausmalen. Sie sollen auf glänzende Gegenstände oder Flächen starren, Steine und / oder (Wunsch-) Kerzen ansprechen. KIM - Spiele (vgl. Glossar) sollen übernatürliche Wahrnehmungsfähigkeiten schulen. Schließlich sollen unsere Kinder sog. Traum- oder Fantasiereisen unternehmen. In mehrwöchigen fächerübergreifenden Hexenprojekten sollen Kinder Hexenverse, -formeln, -lieder und tänze lernen (so z.B. in Niedersachsen).

Was hat das alles zu bedeuten?

Die Lehrer, die Schulverwaltung und das Niedersächsische Landesinstitut für Weiterbildung (NLI) lassen uns wissen, hierbei handele es sich um harmlose „Stilleübungen", die unsere Kinder beruhigen, Streß und Ängste abbauen und die Lern- und Leistungsfähigkeit sowie die Persönlichkeit der Schüler fördern. Jede Kritik an derartigen Praktiken wird entweder ignoriert oder mit Gegenangriffen beantwortet.

Dennoch sollte in einem freien Land die Frage gestattet sein, ob es sich hierbei tatsächlich um harmlose „Stilleübungen" oder gar um höchst gefährliche okkulte Praktiken handelt.

Die Kritiker haben es allerdings schwer. Die Lehrer und die Schulverwaltung lassen uns nicht wissen, was hinter den Türen der Klassenzimmer tatsächlich geschieht.

Forschung auf diesem Gebiet findet keine Unterstützung. Im Gegenteil: Sie wird mit allen Mitteln behindert.

Einleitung

Immerhin hat die Schulverwaltung wissen lassen, daß sie „Stilleübungen" und „Fantasiereisen" in den Schulen unterstützt, weil diese angeblich anerkannte (von wem?) Unterrichtsverfahren sind, die auch in der Lehreraus- und -fortbildung gelehrt werden.

Was Lehrer mit ihren Schülern machen, können wir nur vermuten aufgrund von Erfahrungsberichten einzelner besorgter Eltern und der einschlägigen Literatur, welche die Lehrer als Anleitung benutzen.

Kommen wir auf die zentrale Frage zurück, ob „Stilleübungen" und „Fantasiereisen" moderne Unterrichtstechniken, oder gar höchst gefährliche okkulte Praktiken sind, so stellt sich vorab die Frage, was okkulte Praktiken auszeichnet und was sie gefährlich macht.

Grundmuster okkulter Praktiken

1. Grundannahmen und Grundmuster okkulter Praktiken

Grundlage und Ausgangspunkt entsprechender Untersuchungen wäre eine „Theorie des Okkulten", die es nicht gibt und nicht geben kann. Okkultes Wissen wird geheim gehalten. Wer gegen die strengen Geheimhaltungsvorschriften verstößt, hat mit schweren Strafen, die bis zum Mord reichen, zu rechnen.

Zudem ist magische Literatur oft nur schwer zugänglich und eine schwer verdauliche Kost, die man sich besser nicht zumutet. Es ist bekannt, daß die bloße Lektüre okkulter und magischer Literatur unter Umständen sogar geisteskrank machen kann.

Schließlich stößt die Aufklärung über das Okkulte auch insofern auf erhebliche Probleme, als sie unser gesamtes Welt- und Menschenbild in Frage stellt.

Vor diesem Hintergrund wollen wir uns deshalb in dieser Broschüre damit begnügen, einige wenige Grundannahmen okkulter Praktiken zusammenzufassen:

1. Neben der sichtbaren, materiellen Welt gibt es eine unsichtbare (geistige, spirituelle, übersinnliche, transzendente) Welt.

2. In der unsichtbaren Welt gibt es geistige Wesen und Mächte mit übernatürlichen Fähigkeiten und Kräften. Je nach Kultur und Religion heißen sie: Götter, Geister, Dämonen, Ahnen-, Toten-, Schutz- oder Hilfsgeister.

3. Der Mensch ist ein unsterbliches geistiges Wesen, das in einem sterblichen Körper wie in einem Haus lebt.

4. In der Regel ist die Tür des „Hauses", die Tür zur unsichtbaren Welt fest verschlossen. Die Tür zur unsichtbaren Welt kann (mit Hilfe von okkulten Praktiken) geöffnet werden. Ist die Tür geöffnet, sind Einblicke (Visionen) sowie außerkörperliche (Seelen- / Astral-) Reisen in die geistige Welt möglich.

Grundmuster okkulter Praktiken

5. Geistige Wesen und Mächte können bewußt eingeladen und eingelassen werden, um deren übernatürliche Fähigkeiten und Kräfte zu nutzen; und sie können ohne unser Wissen in unser Haus eindringen und es unter ihre Kontrolle bringen, wenn wir - bewußt oder unbewußt - mit geistigen Wesen und Mächten Kontakt aufnehmen (Inkorporation).
Zu den übernatürlichen oder magischen Fähigkeiten gehören z. B. der Heilungs-, der Schutz- oder Abwehrzauber, der Liebes- und der Schadzauber, sowie Unverletzlichkeit, Schmerzunempfindlichkeit (Feuerlauf), Hellsehen / Wahrsagerei, Telepathie, Pendeln, Unsichtbarmachen, Körperverwandlung, Fliegen, Levitation (Schweben), ein außergewöhnliches Gedächtnis und übernatürliche Körperkräfte.

6. Okkulte Praktiken öffnen die Tür zur unsichtbaren Welt. Dazu gehören alle Formen der Kontaktaufnahme und der Kommunikation mit unsichtbaren Welten und Mächten, so z. B. spezifische Formen

- des Anbetens, Verehrens und Anrufens
- des Aberglaubens
- des Opferbringens und
- der Kommunikation (sei es mit Worten, Beschwörungsformeln, rituellen Gebeten, Symbolen, Gesten, Körper-, Handhaltungen, Tänzen, Gesängen, Düften oder mit geistigen Bildern, Vorstellungen und Visualisierungen).

7. Ebenso öffnen alle Formen der Bewußtseinstransformation und Trance - Induktion die Tür zu unsichtbaren Welten und Mächten.

8. Kontakte zu unsichtbaren Mächten entstehen außerdem durch Formen des Transfers von einer Person zur anderen, so z. B. durch Körper-, Hand-, Blick- und Sexualkontakte.

In biblischer Sicht öffnen wir uns unsichtbaren Welten und Mächten, wenn wir von Gottes Wort, Gottes Willen und Gottes Geboten, den Geboten der Gottes- und der Nächstenliebe abweichen (vgl. Abschnitt 3.5).

Wer an dieser Stelle das Lesen dieser Broschüre abbrechen möchte, den möchte ich um etwas Geduld bitten. Lesen Sie diesen Text in ihrem

Grundmuster okkulter Praktiken

eigenen Interesse und im Interesse ihrer Kinder bis zum Ende. Lesen Sie die Bücher zu den „Stilleübungen" und „Fantasiereisen" selbst - und zwar mit offenen Augen! Lesen Sie auch zwischen den Zeilen, fragen Sie sich immer wieder, warum und wozu sollen Kinder dies oder jenes machen; fragen Sie sich, wie kann diese oder jene Praktik unseren Kindern wirklich helfen, welche wissenschaftlich begründeten Wirkmechanismen kommen da ins Spiel?

Die soeben postulierten Grundannahmen lassen sich im Rahmen dieser Broschüre weder erläutern noch begründen. Doch schon die kritische Lektüre einiger Veröffentlichungen zum Thema „Stilleübungen" und „Fantasiereisen" lassen die hier formulierten Grundannahmen keinesfalls absurd erscheinen.

Um dies zu demonstrieren, soll von einem spezifischen Grundmuster okkulter Praktiken ausgegangen werden, das die folgenden Grundelemente und Teilschritte umfaßt:

1. Öffnung der Tür zur unsichtbaren Welt durch Bewußtseinstransformation und Trance - Induktion

2. Verlassen des Hauses oder Körpers in Form der außerkörperlichen Seelen- oder Astralreise

3. Kontaktaufnahme und Kommunikation mit unsichtbaren Wesen und Mächten.

4. Erwerb übernatürlicher Fähigkeiten und Kräfte (durch Inkorporation geistiger Wesen und Mächte)

Im folgenden soll nun aufgezeigt werden, daß „Stilleübungen" und „Fantasiereisen" diesem Grundmuster okkulter Praktiken entsprechen, obwohl wir davon ausgehen müssen, daß die Autoren die Wahrheit zu verbergen suchen, soweit es sich tatsächlich um okkulte Praktiken handeln sollte.

Bewußtseinstransformation und Trance - Induktion

2. Stilleübungen und Fantasiereisen: Strukturmerkmale

2.1 Ein Beispiel

Beginnen wir mit einem Beispiel, wie es von einer Grundschullehrerin mit Eltern an einem Elternabend demonstriert wurde:

Die Eltern bzw. Kinder wurden gebeten, sich in einen Kreis zu setzen. Der Raum wurde (war) abgedunkelt, ein Kerzenlicht wurde entzündet. Die Kinder bzw. Eltern wurden aufgefordert, die Kerze weiterzureichen. Dabei durfte kein Wort gesprochen werden. Danach sollten es sich die Kinder bequem machen; sie sollten die Augen schließen, alle Gedanken loslassen. Meditative Musik wurde eingespielt. Dann wurde ein Text mit einer deutlich suggestiven Stimme vorgetragen.

Die Kinder sollten sich vorstellen, woanders hinzureisen bzw. hinzufliegen. Sie sollten sich selbst schweben sehen und durch eine Öffnung an einen anderen Ort fliegen. Dabei sollte der Bauch (Solarplexus oder Nabel-Chakren, vgl. Glossar) warm werden. Schließlich sollten die Kinder den gleichen Weg, also durch die Öffnung, zurückkehren.

Anschließend - so hieß es - sollen die Kinder ein Mandala malen oder ausmalen.

Mandalas

Im folgenden sollen die „Stilleübungen" und „Fantasiereisen" in ihre einzelnen Strukturmerkmale zerlegt und analysiert werden.

2.2 Bewußtseinstransformation und Trance - Induktion

"Stilleübungen" und „Fantasiereisen" beginnen meist mit Variationen des folgenden „Settings" (vgl. Glossar):

Der Raum wird abgedunkelt, eine Kerze entzündet, meditative Musik eingespielt. Die Kinder sollen

- ...es sich bequem machen
- ...die Augen schließen
- ...den Atem „beobachten" / beruhigen / kontrollieren
- ...alle Gedanken und Sorgen loslassen
- ...den Körper (durch-) spüren
- ...die Muskeln an- und entspannen
- ...die Wahrnehmung auf einen Punkt oder Gegenstand konzentrieren / fixieren
- ...die Wahrnehmung aller Sinne intensivieren
- ...die „Stille hören"
- ...bei geschlossenen Augen sehen
- ...die Aufmerksamkeit von außen nach innen lenken
- ...den Blick leicht nach oben bzw. auf das Dritte Auge (vgl. Glossar), das innere, geistige, spirituelle Auge zwischen den Augenbrauen richten
- ...die „heilige" Silbe - „OM" - chanten oder denken
- ...suggestive Formeln sollen sie veranlassen, sich entspannt, gelöst, warm, wohlig, wohlig - warm, schwer, leicht, schwebend zu fühlen.

Immer werden die Kinder aufgefordert, innere Bilder oder Filmszenen zu entwickeln. Immer sollen sie sich irgendetwas vorstellen („Stell Dir vor"); sie sollen visualisieren oder imaginieren. Visualisierungen und Imaginationen sind der Kern aller „Stilleübungen" und „Fantasiereisen".

Meist sollen sich die Kinder vorstellen woanders zu sein oder etwas anderes zu sein, als sie sind, beispielsweise eine Blume, ein Tier, eine Wolke. Die suggestiven Texte sprechen dabei in der Regel alle Sinne bzw. Sinneskanäle an. Dazu gehören die Augen, das Ohr, die Nase, die Haut.

Bewußtseinstransformation und Trance - Induktion

In der „Fantasie" (Vorstellung) sollen die Kinder

- Farben sehen
- Töne, Geräusche, Stimmen hören
- schaukeln (wie im Boot, ein Kork auf den Wellen usw.)

Wozu das ganze?

"Stilleübungen" und „Fantasiereisen" sollen zunächst das Bewußtsein der Kinder transformieren und „Türen" öffnen! Die Kinder sollen „transzendentale" oder „geistlich-religiöse Erfahrungen" machen, „tiefe Bewußtseinsebenen" erreichen, ihr Bewußtsein erweitern. Sie sollen Türen zu „inneren Welten" oder zum „Unterbewußtsein" öffnen. (Teml/ Teml, Faust-Siehl, Preuschoff, Maschwitz / Maschwitz, Schneider / Schneider, Brunner, E. Müller, Rozman):

Stilleübungen ermöglichen Sammlung, das Kennenlernen der Innenwelten, Basiserfahrungen mit sich und anderen, mit Raum und Zeit (Schulintern 11/1994).

Zu diesem Zweck sollen die Kinder „Stille üben", ihr Bewußtsein leermachen: Sie sollen nichts wahrnehmen, nichts hören, nichts sehen, nichts sagen oder flüstern. Sie sollen alles vergessen, alles loslassen, sie sollen „zur Mitte" kommen, das Bewußtsein auf *einen* Punkt konzentrieren (Kerzenflamme, Atemrhythmus, einzelne Körperteile), auf „heilige" Wörter wie z.B. die Silbe „OM", oder auf Farben, Töne, Klänge, einzelne Chakren (im Bauchbereich), das Dritte Auge oder „etwas Schönes".

Entspannungs-, Wahrnehmungs-, Körper- und Atemübungen sollen tranceartige Bewußtseinszustände induzieren, unterstützt durch gedämpftes Licht, Kerzenschein, meditative Musik und verbale Suggestionen:

Dies wird von einigen Autoren sogar offen zugegeben:

„Hier wird durch körperliche und geistige Entspannung der Weg in die Innenwelt und in einen tranceartigen Zustand angeregt. Entspannung ist dabei Hilfe um in tiefere Bewußtseinsebenen zu reisen." (Teml/Teml, S.14)

„Jede echte Fantasiereise führt ein Stück weit in Trance und in eine andere Erlebniswelt." (Teml/Teml, S.42)

Außerkörperliche Reisen

Fazit: Es besteht der Verdacht, daß Stilleübungen und Fantasiereisen in Wirklichkeit Techniken der Bewußtseinstransformation und Trance - Induktion sind, die tatsächlich Türen öffnen: Türen zu unsichtbaren Welten und Mächten - aber niemals zu inneren Welten, zum Unterbewußtsein oder zu tieferen Bewußtseinsebenen (vgl. Kap. 3).

2.3 Außerkörperliche Reisen

Ist die Tür zur unsichtbaren Welt durch Techniken der Bewußtseinstransformation und Trance - Induktion geöffnet, können die Kinder bzw. die Seelen der Kinder (Seelenreise) in diese Welt reisen, schweben oder fliegen.

Meist sollen sich die Kinder vorstellen, durch ein Loch, eine Tür, ein Tor, ein Fenster, eine Höhle, eine Enge oder einen Spalt in eine andere Welt einzutreten:

Außerkörperliche Reisen

Das Bild des Tores (sollen wir) als Eintritt in eine andere Welt nehmen, (und wir sollen uns) Vorstellungen von dieser anderen Welt machen.
(Teml/Teml, 1996, S.91)

Um in diese andere Welt einzutreten, müssen wir offensichtlich einen langen Tunnel durchqueren. Als Hilfsmittel der Visualisierung dieses Tunnels dienen (seit jeher, vgl. Kapitel 3) die sog. Mandalas mit ihrem konzentrischen, tunnelartigen Aufbau.

Die Konzentration auf ein Mandala soll den Kindern helfen, durch diesen Tunnel in eine andere Welt einzutreten. So heißt es z. B. in einem Buch über „Meditation für Kinder" (Rozman, 1996):

Jetzt setz dich aufrecht in Meditationshaltung hin und konzentrier dich mit Herz und Geist auf das Zentrum des Mandalas. Richte wirklich alle deine Aufmerksamkeit auf jenes Zentrum. Du fühlst dich als würdest du da hereingezogen [...] Stell dir vor, daß du einen langen Tunnel entlang in das Zentrum hineinwanderst. Du gehst direkt in das Zentrum hinein, durch dieses Zentrum hindurch und kommst auf der anderen Seite in das reine Licht hinaus [...] (Rozman, S.166)

Auf der „anderen Seite" sollen die Kinder immer (blitz-) schnell an einen anderen Ort reisen: Mit dem fliegenden Teppich, einem Zauberpferd, einer Zauberkugel, einem Hubschrauber, einem Luft- oder Raumschiff ....

Diese Reisen führen entweder nach oben, auf einen Berg, ins Universum, zu anderen Planeten, oder nach unten, z. B. auf den Meeresgrund oder in das Innere der Erde.

Stets sollen die Kinder exakt den gleichen Weg zurückzukehren, den sie gekommen sind (vgl. Preuschoff, 1996, S.97; Schneider / Schneider, 1994, S.12 / 13).

Meist heißt es bei der Rückkehr, die Kinder sollen hierher, in den Raum, in die Gruppe zurückkommen. Lediglich die Amerikanerin Rozman hat den Mut zu sagen, daß die Kinder „in ihren Körper" zurückkehren sollen (vgl. S.174).

Kommunikation mit unsichtbaren Wesen und Mächten

Auch wer diesem freimütigen Bekenntnis nicht traut, sollte sich zumindest folgende Fragen stellen:

- Von wo sollen die Kinder eigentlich zurückkehren? Sie haben doch nie den Raum, die Gruppe, den Ort verlassen, oder etwa doch?

- Warum sollen sie unbedingt exakt den gleichen Weg zurückkommen? Sie sind doch angeblich nur in der Fantasie gereist. Wie kann es da zu Schwierigkeiten kommen, wenn man einen anderen Rückweg nimmt?

Fazit: Es besteht der begründete Verdacht, daß Stilleübungen, Fantasiereisen und Mandalas in Wahrheit Anleitungen und Hilfsmittel zur außerkörperlichen Seelen- oder Astralreise sind und die Kinder in unseren Schulen und Kindergärten lernen sollen, mit der Seele den Körper zu verlassen (vgl. Kap. 3).

2.4 Kommunikation mit unsichtbaren Wesen und Mächten

Eine Durchsicht der vorliegenden Publikationen zeigt noch eine weitere Intention der „Stilleübungen" und „Fantasiereisen":

Die Kinder sollen „zu Gott finden" (vgl. Halbfass), sich mit dem „Göttlichen" (NLI - Unterlagen), dem „wahren Selbst", dem „Lebensgeist", der „göttlichen Energie", der „Lebensenergie", oder einer „Höheren Intelligenz" verbinden.

"Stilleübungen" gleichen uralten Methoden, ...

> *...sich in andere Bewußtseinszustände zu versenken und durch Stille neue Erfahrungen zu machen. Immer waren diese Erfahrungen mit Geistern, Göttern oder dem grossen Geheimnis verbunden, mit etwas, was höher ist als alle Vernunft (Preuschoff, 1996, S.19).*

"Stilleübungen" und „Fantasiereisen" sollen helfen, „den eigenen inneren Berater und Beschützer auf fantasievolle Weise kennenzulernen" (Teml / Teml, 1996, S.111), einen „imaginären Begleiter oder Helfer" (S.39).

Magische Praktiken / übernatürliche Fähigkeiten

Fast immer werden die Kinder aufgefordert, ein geistiges Wesen, eine imaginäre Person, ein Tier oder einen Gegenstand zu visualisieren und zu diesem Kontakt aufzunehmen. Diese Wesen sind angeblich Weise, Meister, Freunde, Helfer, Begleiter, Verbündete oder Berater. Unsere Kinder sollen sie begrüßen, fragen, bitten, verehren und verabschieden. Sie sollen mit Steinen, Bäumen, Tieren, Pflanzen, Engeln, Feen, Elfen, Einsiedlern, Wichteln, Waldgeistern, Zwergen, Riesen - mit schemenhaften Gestalten (auch unsympathischen!?) oder gar mit „Teilen" und „Teilpersönlichkeiten" Kontakt aufnehmen. Dabei ...

> *...machen Kinder und Erwachsene (manchmal) erschreckende Erfahrungen. Vielleicht sehen wir, wie in Träumen oder Alpträumen, Monster oder Teufel, ... Monster oder böse Mächte, die uns angreifen (Rozman, 1996, S.167).*

Fazit: Es besteht der Verdacht, daß Stilleübungen und Fantasiereisen unsere Kinder mit unsichtbaren Wesen und Mächten in Kontakt bringen sollen, um Rat und Hilfe aus einer anderen Welt in Anspruch zu nehmen.

Auch wenn einzelne Texte den Kontakt mit imaginären Wesen nicht ausdrücklich erwähnen, ändert dies nichts an der Gefahr, der unsere Kinder ausgesetzt sind: Wer sein Kind z. B. durch den Tunnel einer Geisterbahn reisen läßt, sollte sich nicht wundern, wenn das Kind erschreckende Erfahrungen im Reich der Finsternis macht. Genau dies ist intendiert: Der von der Schulverwaltung gepriesene Religionspädagoge Halbfass möchte, daß unsere Kinder „den Sprung in den Brunnen" wagen, „zu unbekannten, erschreckenden Tiefen"!!! (vgl. Faust - Siehl u.a.)

2.5 Magische Praktiken und übernatürliche Fähigkeiten

Darüber hinaus fordern die Bücher und Texte zu den „Stilleübungen" und „Fantasiereisen" unsere Kinder zur Hexerei und Zauberei auf. Unsere Kinder sollen übernatürliche und magische Fähigkeiten entwickeln; sie sollen

- sich unsichtbar machen
- durch Gegenstände oder Körper sehen

Magische Praktiken / übernatürliche Fähigkeiten

- in Körper reisen,
  sich oder andere (mit magischen Kräften) heilen
- ihren Körper verwandeln
- sich in ein Tier verwandeln
- Wunschkerzen oder Steine ansprechen
- übersinnliche Wahrnehmungsfähigkeiten entwickeln (KIM - Spiele)
- in die Kindheit reisen
- anderen Liebe senden
- Orte, Worte und Tiere der Kraft finden
- Tranceauslösende Anker (Reize) aufbauen.

In den Texten gibt es Zaubergegenstände aller Art: Zauberläden, -stäbe, -kräfte, -säcke, -samen, -gärten, -wasser, -ringe, -wälder, -pferde, -kugeln, -finger, -schlüssel, -mäntel, -quellen, -kristalle usw.

Fazit: Es besteht der Verdacht, daß Stilleübungen und Fantasiereisen i. d. R. Einführungskurse in die Kunst der Magie, der Hexerei und Zauberei sind. Sie vermitteln ein magisches Welt- und Menschenbild sowie magische Techniken und Praktiken.

Die schamanische Sicht

3. Deutungsversuche

3.1 Die schamanische Sicht

Der Schamanismus ist ein jahrtausendealtes System magischer Geheimlehren der (Natur-) Völker Nord- und Südamerikas, Sibiriens, Australiens, Afrikas und des europäischen Mittelalters. Schamanen sind Hexen, Hexendoktoren, Medizinmänner, Zauberer, Hexenkünstler, Magier, Seher (vgl. Harner, 1996).

Schamanismus ist Magie, Hexerei und Zauberei. Schamanen können mit magischen Mitteln heilen und helfen, aber sie können auch anderen Schaden zufügen. Schamanen sind Meister der Ekstase und Trance. Sie können bewußt tranceartige Bewußtseinszustände induzieren, ihren Körper verlassen, mit der Seele (Seelenreise) in den Himmel oder in die Unterwelt reisen (Eliade 1975), um mit Göttern, Geistern und Dämonen, sog. Schutz- und Hilfsgeistern Kontakt aufzunehmen. Diese sollen ihnen Wissen, Kraft, Rat und Hilfe geben.

Die schamanische Literatur der Ethnologen und Kulturanthropologen lehrt: Trancezustände öffnen die Tür zu unsichtbaren Welten und Mächten.

Techniken und Hilfsmittel der Bewußtseinstransformation und Trance - Induktion sind u.a.

- Drogen, Halluzinogene, Gifte
- radikales Fasten, körperliche Erschöpfung
- Ekstatisches Singen und Tanzen
- Trommelrhythmen und Rasseln

Moderne Schamanen empfehlen vor allem Entspannung, Leermachen, Loslassen, Imagination und Konzentration als Mittel der Einleitung von Trancezuständen und außerkörperlichen Seelenreisen in die andere spirituelle Welt:

Die schamanische Sicht

Der Raum soll ruhig und abgedunkelt sein, eine Kerze soll brennen. Man soll es sich bequem machen, die Augen schließen, alle Gedanken loslassen, Trommelmusik hören oder einfach nur entspannen (vgl. Harner, 1996; Oertli, 1996; Achterberg, 1990).

Im Schamanismus sind Trommeln, Rasseln / Regenstäbe (vgl. Glossar), Masken, Kerzen, Kristalle, Kraftorte, -worte und -objekte, Öle, Düfte, Aromastoffe, Räuchermittel, Symbole, sowie monotone, langandauernde Tänze Hilfsmittel der Trance - Induktion, der Öffnung der Tür zur anderen, spirituellen Welt und der Reise in die andere, jenseitige Welt (vgl. Harner, 1996, Oertli, 1996).

Außerkörperliche Reisen
Zur Einleitung außerkörperlicher Seelenreisen visualisieren Schamanen (Erd-) Löcher oder Höhlen oder sie konzentrieren sich auf ein MANDALA, das mit seinem konzentrischen Aufbau einen Tunnel in die andere Welt symbolisiert (vgl. Harner 1996 S.19, 50 ff).

Ein guter Weg, in die spirituelle Welt einzutreten, ist über eine Öffnung, einen Eingang wie Tür, Fenster, Stadttor, Höhle, Löcher in Bäumen, Tunnel u.ä. (Oertli, 1996, S.43)

In der spirituellen Welt sollen wir warten bis eine Gestalt erscheint. Diese sollen wir begrüßen, fragen, um Rat und um Hilfe bitten (vgl. Oertli, 1996, S.43 ff).

Schamanische Seelenreisen

- sind außerkörperliche Reisen (Ortswechsel der Seele) im Diesseits oder im Jenseits
- führen nach oben, in den Himmel oder nach unten, in die Unterwelt, auf einen Berg, ins Innere der Erde oder auf den Meeresgrund (vgl. Harner, 1996; Montal, Ulrich, 1986)
- werden den Hexen und Hexendoktoren der Kulturen Afrikas, Südamerikas und des europäischen Mittelalters zugeschrieben, wobei der Körper leblos und gefühllos zurückbleibt, während die Seele im Trancezustand den Körper verläßt
- sind von Levitationen (Schweben des Körpers) der Mystiker und sog. Heiligen, Entrückungen (Entraffungen) des Körpers sowie von Flügen in transformierter Gestalt (eines Tieres) zu

Die schamanische Sicht

unterscheiden
- nutzen vielfach Zaubergegenstände (fliegende Teppiche, Hexenbesen, usw.) als Hilfsmittel für den Hexenflug
- dienen u.a. der Kontaktaufnahme mit sog. Schutz- und Hilfsgeistern, die den Schamanen Rat und Hilfe geben
- werden von einem geistigen Führer, dem Schutzgeist, geleitet, der auch Berichte über Reiseerfahrungen zu verhindern sucht
- sollen den gleichen Weg zurücknehmen
- sind mit Visionen von Horrorgestalten (Monstern, Dämonen, Spinnen, Schlangen, Reptilien) verbunden
- enden vielfach mit dem Tod oder einer Geisteskrankheit des Schamanen (vgl. Harner, Montal, Oertli, Ulrich, Eliade, Bauer / Behringer)

Magische Praktiken und übernatürliche Fähigkeiten
Daneben verfügen Schamanen über eine Reihe übernatürlicher Fähigkeiten: In Trance sind sie unverwundbar, unverletzlich und schmerzunempfindlich. Sie können über glühende Kohlen laufen (Feuerlauf), sie stechen sich z. B. Schwerter durch die Wangen. Die Wunden bluten kaum und heilen blitzschnell.
Die Schamanen erklären diese Phänomene damit, daß der Geist mit ihnen sei.
Sogenannte Krafttänze in Trance bei denen das gewählte Krafttier kopiert bzw. imitiert wird, (mit Kleidung, Masken, Gesten, Lauten usw.) dienen dazu, sich entsprechende Geister einzuverleiben (Inkorporation), um deren übernatürliche Fähigkeiten nützen zu können (vgl. Harner, Oertli).

Schamanen sind Heiler, aber auch Zauberer, die anderen Personen mit magischen Mitteln, d.h. mit Hilfe von Geistern und Dämonen, Schaden zufügen können. Zu den Techniken und Hilfsmitteln der (schwarzen) Magie gehören seit jeher

- die Gedankenstille oder -leere
- die Konzentration auf einen Punkt
- die Induktion von Trancezuständen
- die Kontrolle des Atems
- die Kerzenmeditation
- die Imagination und Visualisierung

Die schamanische Sicht

- die Anwendung spezifischer Symbole (Pentagramm, Hexagramm)
- die ständige Wiederholung von Mantren, wie die Silbe „OM"
- die Einübung magisch-mystischer Körper- und Handbewegungen
- die Anwendung von Räuchermitteln und Düften.

(vgl. Ulrich, 1986, S.25, 30ff; Meiser, 1996, S.40 Bohnke, 1996)

Nach Ulrich (1986) ist die...

magische Vorstellung (Imagination) eine unentbehrliche Voraussetzung der praktischen Magie. Unter Imagination ist die lebende Vorstellung geistiger Bilder zu verstehen [...] (vgl. S.31)

Zu den (schwarz) magischen Übungen und Praktiken der Hexen und Schamanen gehören u.a. Imaginationsübungen, bei denen Personen oder Wünsche vor dem geistigen Auge erscheinen sollen sowie die ständige Wiederholung von Worten wie z. B. „Liebe alle Wesen" (vgl. Ulrich, 1986, S.31, 41f, 30ff; Meiser, 1996, S.40; Bohnke 1996, S.135).

Die **Grundformel der Magie** lautet:

Wille + Imagination + magische Trance = magischer Akt

(Bohnke 1996, S.136)

Visualisierungen und gelenkte Bildvorstellung sind schon seit langem bei allen Arten von Zauberern bekannt als die mächtigste und wirkungsvollste Methode, um Kontakt mit der Geisterwelt aufzunehmen und übernatürliche Macht, Wissen und Heilkräfte zu bekommen ...die Visualisierung ...ist eine alte Technik der Zauberei, die schon tausende von Jahren zum Kern des Schamanismus gehört ...
(Hunt / McMahon 1985, S.125)

Außerdem spielt „die Schulung des Atems... eine große Rolle bei der Ausbildung zum Magier" (Bohnke 1996, S.134).
Alle diese (schwarz) magischen Praktiken der Hexen und Schamanen sind Bestandteil von „Stilleübungen" und „Fantasiereisen". Vielfach sollen die Kinder lernen, bekannte Personen zu visualisieren. Teml / Teml (1996, S.121) fordern die Kinder sogar auf, „Liebe zu senden",

Die schamanische Sicht

obwohl wir Liebe nur geben und nicht senden können, wie z. B. Geister und Dämonen in der schwarzen Magie (vgl. auch Bauer / Behringer, 1997, S.206).

Während die Literatur, die Lehrer und die Schulverwaltung „Stilleübungen" und „Fantasiereisen" als moderne und äußerst hilfreiche Unterrichtsmethoden preisen, verweist die schamanische Literatur auf die ungeheuren Gefahren außerkörperlicher Seelenreisen in die andere Welt. Schamanen berichten von Horrorerfahrungen mit Drachen, Spinnen, Schlangen, Monstern, Dämonen, vogelköpfigen Wesen (vgl. Harner, 1996).

Viele Schamanen haben Angst vor der Seelenreise; in manchen Kulturen werden sie nur von Frauen unternommen. Vielfach sterben die Schamanen bei ihrer Reise, weil sie den Weg zurück nicht finden konnten. Andere Schamanen werden verrückt oder geisteskrank, geplagt von schlimmen Visionen, Alpträumen, Psychosen, Halluzinationen, usw. (vgl. Harner 1990, S.24ff, 27,29f, 34, 49, 120, 141; Oertli 1996, S.38, 61, 153, 208, 211; Montal S.19, 35, 38, 41ff, 48, 69, 72; Achterberg S.31, 65).

Fazit: In schamanischer Sicht sind Stilleübungen und Fantasiereisen Einführungskurse in die Kunst der Magie, Hexerei und Zauberei sowie Anleitungen zu höchst gefährlichen Seelenreisen.

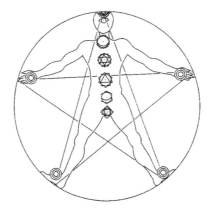

**Pentagramm - Symbol der Magier - Chakren
Schul-Mandala (Verlag an der Ruhr)**

Die fernöstliche Sicht

Unter den Mandalas finden sich auch magische Symbole, die die Kinder ausmalen sollen. So zum Beispiel das nebenstehende Pentagramm, das in einem christlichen Kindergarten benutzt wird. Das Pentagramm gilt als Symbol der Magier, als „kraftvolles Symbol, mit dem er etwas herbeizwingt oder bannt!" (Bohnke 1996, S.140). Das nebenstehende Pentagramm, das den Kindern als Malvorlage angeboten wird, enthält darüber hinaus die fernöstliche (Irr-) Lehre von den (sieben) Chakren (vgl. Glossar). Körperhaltung und Linienführung bedeuten magischen Schutz bzw. magische Bannung dämonischer Mächte.

Selbst die so beliebten Stuhlkreise, bei denen Kerzenlichter in der Mitte des Kreises plaziert werden (vgl. Ulrich, 1986 / Bohnke 1996, Huyser 1996), haben magischen Ursprung. Diese Praktik entstammt u.a. dem indianischen Schamanismus (vgl. Harner, Oertli, Preuschhoff). Überhaupt stammt der immer beliebter werdende Begriff des Rituals aus dem Bereich der Magie.

3.2 Die fernöstliche Sicht

„Stilleübungen" umfassen u.a. Meditations- und Yogaübungen (vgl. z. B. Müller, 1995, Preuschoff, 1996).
Meditation und Yoga werden heute als Entspannungsübung (und Heilungstechnik) angepriesen. Es ist Zeit, an den ursprünglichen Kontext zu erinnern. Meditation und Yoga sind spirituelle Praktiken der Religionen oder Philosophien des Fernen Ostens: des Hinduismus, Buddhismus, Sikhismus, Zen und Taoismus.

Das System der religiösen und spirituellen Lehren des Fernen Ostens ist äußerst komplex und differenziert. Insofern ist es unmöglich, diese Lehren auf wenigen Seiten angemessen darzustellen. Dennoch ist es nötig und möglich, einige wenige Grundzüge fernöstlicher Religionen und Philosophien aufzuzeigen.

Alle fernöstlichen Religionen glauben an die Existenz unsichtbarer Welten und Mächte. Einige Systeme glauben an (nur) einen Gott, eine Gottheit; andere glauben an eine Vielzahl von Göttern, Geistern und Dämonen, die das Leben im Diesseits bestimmen.

Ziel religiöser Praktiken ist Gottes- und Selbsterkenntnis bzw. Befreiung, Erlösung und Erleuchtung, vor allem Befreiung aus dem

Die fernöstliche Sicht

(unendlichen) Kreislauf der Wiedergeburten und des irdischen Leids.

Die fernöstlichen Religionen kennen verschiedene Wege zu Gott, Wege zur Erlösung und Erleuchtung, so z. B. den Weg

- der Liebe und Anbetung
- der Hingabe, des (Gottes-) Dienstes und des Dienens
- des Gleichmuts und der Nicht - Anhaftung an die Welt (non-attachment)
- des Leermachens des Geistes und des Loslassens
- den Weg der Einheitserfahrung, d.h. der Erfahrung der Einheit aller Dinge und Wesen (in einer Allseele oder Alleinheit)

Diese Wege finden sich in den genannten Religionen und Philosophien des Fernen Ostens mit unterschiedlichem Schwergewicht wieder.

Die ältesten vedischen Schriften, wie z.b. die Upanishaden und die Bhaghavad Gita (die Bibel der Hindus) sowie Zen und Taoimus lehren, die Einheit aller Dinge zu sehen und zu erfahren: „Das bist du" (Tat Tvam Asi), heißt es in den Upanishaden. In der religiösen Meditation sollen Subjekt und Objekt verschmelzen, das Ich entleert, aufgelöst, transzendiert werden.

„ Stell dir vor, du bist ein Baum, eine Wolke, ein Blatt, der Wind," heißt es auch in „Stille-" und „Fantasieübungen".

Andere fernöstliche Techniken sollen das Bewußtsein leermachen: Der Meditierende soll seinen Geist, seine Sinne und Gedanken beherrschen und kontrollieren lernen. Er soll STILLE und Gleichmut üben (Hinduismus, Zen, Taoismus, Tibetischer Buddhismus, Buddhismus). Er soll nichts wahrnehmen, nichts hören, nichts sehen, nichts sagen (3 Affen!). Er soll nichts denken, nichts wünschen, nichts wollen oder begehren, nicht anhaften, Nicht - Handeln, Nicht - Tun („wu wei" im Taoismus).

Wieder andere Techniken richten (konzentrieren, fixieren, fokussieren) den Geist, das Bewußtsein auf EINEN PUNKT; so z. B. auf

- das Dritte Auge zwischen den Augenbrauen, an der Nasenwurzel (vgl. Baghavad - Gita 5/28)
- sog. Mantren, wie z. B. auf die Silbe „OM", die für den

Die fernöstliche Sicht

Höchsten Gott bzw. Krishna steht (vgl. Gita, 8/13)
- Heilige Wörter, Begriffe, Symbole, Bilder von Heiligen oder Gurus
- MANDALAS (vgl. Lexikon der Esoterik, Lexikon der fernöstlichen Weisheitslehren)
- den Atemrhythmus (vgl. Gita 4/29)

Abwendung von der Außenwelt, Konzentration auf das Dritte Auge, auf die Silbe „OM" oder auf Krishna, sowie STILLE, Nichtdenken, Gleichmut und Atemregulation werden schon in der jahrtausendealten Baghavad - Gita als Mittel der Einleitung von Trancezuständen und außerkörperlichen Reisen empfohlen (vgl. Gita 4/29, 6/25, 8/13).

Auch der Sikhismus und die hierauf basierende weltweit operierende Sekte „Wissenschaft der Spiritualität" empfielt die Abwendung von der Außenwelt, Hinwendung zur Innenwelt sowie Konzentration auf das Dritte Auge (an der Nasenwurzel) als Mittel der Einleitung von Trancezuständen und außerkörperlichen Reisen in astrale Welten oder Ebenen (vgl. Kirpal Singh, R. Singh, 1996).

Interessanterweise werden auch indischen Yogis, die jahrelang meditieren und / oder Yoga praktizieren, verschiedene übernatürliche und magische Fähigkeiten zugeschrieben, wie z. B. Gedankenlesen / Telepathie, Hellsehen / -hören, Levitation, Fliegen, Materialisation, Unsichtbarmachen, Eintreten in den Körper anderer usw. (vgl. u.a. Lexikon der östlichen Weisheitslehren, Schumann, Goleman).

Meditation und Yoga sind also keine harmlosen Entspannungs- oder „Stilleübungen", sondern religiöse und magische Praktiken des Fernen Ostens, die auf Gottes- und Selbsterkennis, Erkenntnis des wahren / höheren Selbst, des Gottes in uns zielen. Yoga bedeutet Joch, Yoga - Praktiken sind Wege der Vereinigung mit Gott oder dem Göttlichen (Lexikon der östlichen Weiseislehren.) Auch Meditation zielt auf Gottes- oder Selbsterkenntnis, auf Vereinigung und Verbindung mit „Gott", dem Göttlichen oder mit dem Absoluten.

Diese religiösen Praktiken des Fernen Ostens und ihre Hilfsmittel wie z. B. die MANDALAS werden gegenwärtig unter dem Deckmantel der Entspannungs- oder Stilleübung in die Schulen und Kindergärten eingeschleust.

Die fernöstliche Sicht

Als „Hilfe gegen Schulstreß" (E. Müller) werden die Kinder z. B. aufgefordert,

- Yogahaltungen zu üben
- die Silbe „OM" zu chanten bzw. zu denken
- leicht nach oben (auf das dritte Auge) zu blicken
- die Aufmerksamkeit von außen nach innen zu lenken
- den Geist, das Bewußtsein leerzumachen (vgl. E. Müller, Preuschoff, Teml / Teml u.a.)

Natürlich können wir nicht erwarten, daß uns die Verfechter fernöstlicher Religionen und religiöser Praktiken wie Meditation und Yoga auf Risiken und Nebenwirkungen aufmerksam machen. Dennoch gibt es viele Hinweise auf deren Gefährlichkeit. Schumann, eine deutscher Buddhismus - Experte, verweist in seinem Lehrbuch zum Buddhismus (1985) darauf, daß es „in den psychiatrischen Kliniken in Rangun und Bangkok [...] eine ganze Anzahl von Patienten (gibt), die ihre geistige Gesundheit durch falsche Meditation eingebüßt haben" (S.98).

Nach Goleman (1990) kann es passieren, daß man bedrohliche Tiere oder sich selbst als Leiche sieht. Es komme unter Umständen zu hysterischen oder psychotischen Anfällen (vgl. S.10, 41, 60, 62). Zu vergleichbaren Ergebnissen kommt eine umfangreiche Studie von Niebel / Hanewinkel (1997).

Noch deutlicher werden Aussteiger aus dem Hinduismus, die ihre Meditaionserfahrungen beschreiben. Danach macht man Erfahrungen, die vergleichbar einem Horrortrip beim Drogenmißbrauch sind: Man sieht psychedelische Farben, hört überirdische Musik, besucht geheimnisvolle Planeten, begegnet dämonischen Wesen, die keinesfalls freundlich, liebevoll oder sanft sind (vgl. Maharaj 1996, S.69,92).

Ferner berichtet dieser ehemalige Guru davon, daß indische Gurus ihre ganze Aufmerksamkeit auf flackernde Flammen richten, die für sie Gott sind, daß die Mantren nach indischer Auffassung die Gottheit selber sind und daß mit der endlosen Wiederholung von Mantren Gottheiten angerufen und verehrt werden (vgl. S.63).

Die esoterische Sicht

Fazit: In fernöstlicher Sicht enthalten Stilleübungen und Fantasiereisen zahlreiche Elemente fernöstlicher Religionen. Insofern sind sie keine Unterrichtsmethode, sondern religiöse Praktiken des Fernen Ostens.

3.3 Die esoterische Sicht

3.3.1 Sektenwerbung

„Traum-" und „Fantasiereisen" werden unter Namen wie Trance-, Astral- oder Bewußtseinsreise in fast allen Sekten und okkulten Psychogruppen gelehrt und praktiziert.

Seelenreisen in astrale Welten werden gegenwärtig insbesondere von der Sekte „Wissenschaft der Spiritualität" weltweit verbreitet, so z. B. auch in Deutschland. Zahlreiche Schriften von R. Singh empfehlen die Meditation, d.h. Konzentration auf das Dritte Auge zwischen den Augenbrauen, als Mittel der Bewußtseinstransformation und Trance - Induktion und der Einleitung außerkörperlicher Seelenreisen in astrale Welten. Entsprechende Praktiken finden sich in Publikationen von E. Müller.

„Fantasiereisen" in astrale Welten werden in feministischen Frauenzirkeln, zu denen Männer keinen Zutritt haben, unternommen; Traumreisen stehen im Programm der Hannoverschen Hexenschule (vgl. Knackstedt, 1996). In einem Artikel über die Hannoversche Hexenschule wird berichtet, daß die magischen Rituale mit Atemmeditationen und Traumreisen (!) beginnen. Nachdem STILLE eingekehrt ist, tritt eine „Göttin" in den Körper der Teilnehmer ein (vgl. Schädelspalter 1/1994).

Es ist somit nicht immer leicht zu wissen, wo Lehrer und vor allem Lehrerinnen die Technik der Seelenreise gelernt haben.

Inzwischen ist z.B. das Land Niedersachsen ganz offen dazu übergegangen, die Praktiken indischer Gurus und fernöstlicher Sekten in die Lehrerfortbildung aufzunehmen. So vermittelt z.B. das vom Steuerzahler finanzierte und dem Kultusministerium unterstellte NLI - Hildesheim

Die esoterische Sicht

- Yoga - Übungen
- Techniken der Chakren - Meditation
- tranceinduzierende Kreiselübungen
- Praktiken der Dynamischen Meditation nach Baghwan, dem Begründer der gleichnamigen Sekte, die zu schlimmen Besessenheitszuständen führen können. (vgl. Seite 87 dieser Broschüre)

Interessanterweise weigern sich die Presse, die Landeskirche und die politische Opposition diese skandalösen Zustände anzuprangern, obwohl sie ihnen bekannt gemacht wurden.

3.3.2 Astralreisen

In der Esoterik werden „Fantasiereisen" als eine von vielen Techniken der außerkörperlichen Seelen- oder Astralreise angesehen (vgl. Lexikon der Esoterik).

„Kontakte mit dem Jenseits" und „Kontakte mit deinem Geistführer" waren das Motto bzw. Thema des Hauptvortrages der Esoterik - Messe in Hannover.

Außerkörperliche Astralreisen sind eine zentrale esoterische Praktik (vgl. u.a. Stevens; Mc Lean). Astralreisen werden in geheimen esoterischen Zirkeln unter der Leitung spiritueller Führer z. B. zu anderen Planeten unternommen.

Seelen- oder Fantasiereisen „in andere Welten, zu anderen Dimensionen und zu anderen Wesen, die in diesen Dimensionen anwesend sind" (vgl. Lebensart 4/97; Hannovers esoterisches Stadtmagazin), werden von allen esoterischen Zeitschriften propagiert (vgl. u.a. auch Esotera, 5/97).

„Fantasiereisen" werden gegenwärtig vor allem unter dem wissenschaftlich klingenden Namen NLP (Neurolinguistisches Programmieren) verbreitet.

Als Beispiel zur Entlarvung des wirklichen Charakters der sog. „Fantasiereisen" sollen zwei Beispiele von „Fantasiereisen" im NLP etwas ausführlicher dargestellt werden.

Die esoterische Sicht

3.3.3 Fantasiereisen im NLP

In Resonanz leben... (Kutschera / Harbauer)

Wie nicht anders zu erwarten, geht es darum, die Tür, das Tor zu einer anderen Welt aufzumachen, eine Schwelle zu übertreten, zwischen dieser und jener Welt hin- und herzupendeln und Kontakt mit unsichtbaren Wesen und Mächten aufzunehmen, um sich von ihnen beraten und führen zu lassen (vgl. Kutschera / Harbauer 1996).

Trance - Induktion
Dazu soll man zunächst in Trance gehen (vgl. S.45, 47, 120, 123, 136, 193). Wir sollen

- es uns bequem machen
- die Augen schließen
- körperlich und geistig entspannen
- den Atem beobachten und beruhigen
- in die STILLE eintauchen
- unsere Wahrnehmung konzentrieren und in allen Sinnesbereichen intensivieren
- meditative Musik hören
- alles loslassen
- gelöst und ruhig sein
- alle Gedanken und Sorgen vergessen
- nichts tun, nichts denken
- einfach nur wahrnehmen
- Trommelmusik hören
(vgl. S.13, 37ff, 47ff, 137, 139, 175, 193)

Reisen in die andere Welt
Mit Hilfe spezieller Visualisierungen soll die Seele auf die Reise gehen - angeblich nur in der Fantasie. In Wahrheit soll die Seele den Körper verlassen, in andere, jenseitige Welten reisen und exakt den gleichen Weg zurückkehren, den sie gekommen ist (vgl. 46, 101). Während es am Anfang des Buches heißt, man solle in den Raum oder hierher zurückkommen (vgl. 59, 61, 69, 71, 81, 88/9, 96, 103, 112, 122, 138, 192), wird schließlich die Wahrheit offenbart:

Die esoterische Sicht

Man solle in den Körper zurückkehren und ihn wieder spüren (vgl. 55, 94, 101, 146, 156, 183, 190).

Kommunikation mit unsichtbaren Mächten
Wie die Schamanen sollen die „Fantasiereisenden" den Kontakt aufnehmen zu unsichtbaren Wesen und Mächten (vgl. 26, 37, 60, 62/3, 68, 71, 76, 82, 85, 144, 173, 176/7). Diese haben ganz unterschiedliche Namen. Sie sind Begleiter, Berater, Führer, Heiler, Koordinator, Manager, Helfer, Meister, Lehrer, Weise, innere Beschützer, „Teile" oder „Teilpersönlichkeiten" von uns bzw. in uns (vgl. 21ff, 26, 28ff, 60ff, 65ff, 68, 76f, 80f, 86f, 89f, 92ff, 103, 109, 117, 122, 125 ff, 136, 147, 149, 173, 175).

Diese Wesen sollen wir

- suchen (vgl. 125f, 128, 177)
- begrüßen (vgl. 35, 89, 82, 125)
- fragen (vgl. 24, 68, 89, 92, 111, 115/6)
- bitten (vgl. 67, 109, 111)
- mit Hilfe von Affirmationen herbeirufen (vgl. 71, 76)

Wir sollen ihnen danken (vgl. 86, 99, 17) und uns von ihnen verabschieden (vgl. 94, 122).

Diese Wesen, denen das Buch auch gewidmet ist, wollen uns nach Auskunft der Autorinnen

- helfen (vgl. 67, 90, 109, 111, 127)
- Rat geben (vgl. 24, 87, 90)
- die Zukunft aufzeigen (vgl. 32, 65, 79)
- etwas sagen (vgl. 66)
  -mit Worten (vgl. 93)
  -inneren Stimme oder Körpergefühlen (vgl. 8 6/7)
- Bilder, Träume und Visionen geben (vgl. 59, 66, 93, 79, 127)
- führen (vgl. 84)
- Lebensaufträge zuweisen (vgl. 58, 72/3, 78/9, 96, 120, 147), denen wir uns zu unterwerfen haben (vgl. 84, 89, 94, 109, 170, 179), andernfalls würden uns Krankheiten oder andere Sanktionen drohen (vgl. 177, 180)

Die esoterische Sicht

Zur besseren Kommunikation mit ihnen sollen wir Signale, Symbole oder Zauberwörter vereinbaren (vgl. 78, 92). Außerdem sollen wir, um mit ihnen in Kontakt zu kommen, Bäume oder irgendwelche „Teilpersönlichkeiten" (in uns?) ansprechen.

Magische Praktiken und übernatürliche Fähigkeiten

Diese „Fantasiereisen" dienen der Entwicklung übernatürlicher Fähigkeiten (vgl. 40, 46, 55, 78). Sie verbinden uns mit einer (übernatürlichen) Kraftquelle, der Quelle der Weisheit und Intuition; sie geben uns Kraft und Energie (vgl. 19, 21f, 24ff, 35ff, 37ff, 43f, 60, 63, 68, 71ff, 76, 85, 144). Sie öffnen das Herz, das innere, das geistige Auge, den sechsten Sinn (vgl. 46), es entwickelt sich eine neue Art der Wahrnehmung (vgl. 55) - ohne die fünf Sinne.

Inkorporation geistiger Mächte
Verständlicherweise gibt es nur wenige Hinweise, daß diese Wesen, denen wir die Tür geöffnet haben, schließlich ein Recht haben, in uns zu sein (vgl. S.147), um uns zu kontrollieren. Aus Helfern und Beratern werden plötzlich unsere Herren und Meister, die uns ärgern oder krank machen, wenn wir ihnen nicht gehorchen (vgl. S.180).

Fantasiereisen leicht gemacht (Maaß / Ritschel)

Nach Maaß / Ritschel (1996) sind „Fantasiereisen" „auf bestimmte Zeit ausgelegte Ausflüge, bei denen man Erfahrungen macht, um sie im Alltag sinnvoll zu nutzen"(11). "Fantasiereisen" sollen uns die Augen öffnen und unseren Geist von seinen Fesseln befreien (10). Sie erschließen verborgene Quellen der Kreativität, um das Unmögliche möglich zu machen (10). In Trance soll Kontakt zum Unbewußtsein, zu inneren Ressourcen hergestellt werden (23).

Induktion - Trance
Erster Schritt aller Induktion „Fantasiereisen" ist die Veränderung des Bewußtseinszustandes, die Induktion tranceähnlicher Bewußtseinszustände (vgl. S.13, 18, 23, 33, 132). „Fantasiereisen" sind identisch mit Trance-zuständen (S.132), bei denen die Aufmerksamkeit nach innen gerichtet (vgl. S.13, 24) ist.

Die esoterische Sicht

„Fantasiereisen" sollen uns helfen, unsere Lebensaufgabe (vgl. 102ff), Werte, Ziele und Visionen für unser Leben (vgl. 104) zu finden und Zugang zu einem Super - Computer zu erhalten, in dem alles Wissen gespeichert ist (vgl. 47).

„In der Fantasie" tauchen wir in eine Welt ohne Zeit (vgl. 12), in eine Welt des bildhaften Erlebens ein und verbinden uns mit dem Absoluten (vgl. 13).

Trancezustände werden induziert durch

- Atemübungen
- Muskelanspannungen
- Armlevitation
- Zählen
- Durchspüren aller Körperteile
- Ansprechen aller Sinne
- Meditative Musik
- Suggestiv vorgetragene Fantasiereisetexte
(vgl. S.122ff, 135, 29)

Außerkörperliche Reise

Auch diese „Fantasiereisen" führen wieder durch eine Öffnung nach unten, in das Innere der Erde oder nach oben, auf den Gipfel von Bergen; sie führen nach innen, in ein „Land der Fantasie"(vgl. 46), in einen „Zaubergarten" (vgl. 77), in ein Land der unbeschränkten Ressourcen (vgl. 37).

Diese „Fantasiereisen" finden stets unter der Führung (außerirdischer) Wesen (vgl. 37) statt und sollen stets den gleichen Weg zurücknehmen (vgl. 53, 61, 96, 135); sie sind keine Reise „nach innen", sondern außerkörperliche Reisen: „Komm her zurück in diesen Raum und in deinen Körper" (vgl. 48), bis Du „jetzt in deinen Körper wieder eintauchst" (vgl. 16).

Kommunikation mit unsichtbaren Wesen

In „Fantasiereisen" sollen wir Kontakt aufnehmen zu unsichtbaren Wesen und Mächten (vgl. 109). Diese haben ganz unterschiedliche Namen. Es sind

Die esoterische Sicht

- Schutzengel (vgl. 73)
- Personen, Figuren, Gestalten, Tiere, Menschen, Pflanzen (vgl. 43, 47, 67)
- das Höhere Selbst (vgl. 98)
- Teile oder Teilpersönlichkeiten (vgl. 37, 107)
- innere Kinder (vgl. 86ff, 89)
- Kreative Teile in uns (vgl. 61)
- das Unbewußte (vgl. 15ff)

Diese Wesenheiten sind

- Freunde
- Verbündete
- Helfer
- Lebenstrainer
- Führer
- Weise

(vgl. S.56, 85, 99)

Wir sollen sie ansprechen, um Rat und um Hilfe bitten (vgl. 83); wir sollen uns von ihnen führen lassen (vgl. 98) und ihnen danken (vgl. 83).

Diese Wesenheiten werden uns antworten mit

- Zeichen (vgl. 38, 61)
- Fingerbewegungen (vgl. 37)
- Symbolen (vgl. 44)
- Farben (vgl. 44)
- Worten, Bildern, Gewißheiten (vgl. 109)
- Gedanken und Inspirationen (vgl. 55, 57)
- Träumen (vgl. 52, 55, 56, 16)
- Gefühlen (vgl. 16)

Inkorporation

Andere „Fantasiereisen" dienen dazu, diese Wesenheiten in uns aufzu-

Die esoterische Sicht

nehmen: „Und dann laß den Teil auf seine Art seinen Platz in dir finden […]" (vgl. S.111).

Transfer
In kollektiven MASSAGEÜBUNGEN sollen die erworbenen übernatürlichen Kräfte und Energien an andere weitergegeben (transferiert) werden, indem wir Resonanz bzw. Rapport herstellen und uns vorstellen, daß ein „Geschenk" durch unsere Handflächen fließt und den anderen erreicht (vgl. 40 ff).

3.3.4 Kreatives Visualisieren („Stell Dir vor")

„Stilleübungen" und „Fantasiereisen" werden vielfach damit begründet, sie würden die Fantasie unserer Kinder anregen, unsere Kinder sollten kreativ visualisieren lernen.

Das Konzept des Kreativen Visualisierens wird seit Jahren von Shakti Gawain weltweit verbreitet, in Deutschland mit dem Buch „Stell Dir vor" (1996), das sogar (indischen) Gurus und unsichtbaren Geistwesen gewidmet ist. Auch hier sollen wir zunächst einen veränderten Bewußtseinszustand (Alpha - Bewußtsein) herstellen, so z. B. durch

- Entspannung von Körper, Geist und Seele
  (vgl. S.18, 25, 28, 29, 67, 89)
- Atemübungen (vgl. 116)
- Meditation und Yoga (vgl. 29)
- Rückwärtszählen (vgl. 18, 29, 106)

Schließlich sollen wir mit unserem inneren Führer oder Berater Kontakt aufnehmen, der angeblich ein weiser und liebevoller Freund ist (vgl. S.96). Diese Wesenheit sollen wir anrufen, begrüßen, fragen, um Rat und um Hilfe bitten (vgl. 53, 96ff, 102f, 106).

Fazit: In esoterischer Sicht sind Stilleübungen und Fantasiereisen Anleitungen zur Kontaktaufnahme mit unsichtbaren Welten und Mächten, mit sog. Geistführern und inneren Beratern sowie Anleitungen zur außerkörperlichen Seelen- oder Astralreise.

Die hypnotische Sicht

3.4 Die hypnotische Sicht

Hypnosetechniken breiten sich gegenwärtig weltweit in allen Lebensbereichen und Institutionen aus: In der Medizin, in der Psychotherapie, in Universitäten usw.
Hypnose gilt vor allem als Heilverfahren diverser psychosomatischer Beschwerden. Hypnosen können aber auch Verhaltensweisen und Gewohnheiten verändern, die Lern- und Leistungsfähigkeit und das Gedächtnis verbessern.

Hypnosen heilen mit bzw. in Trance. Trance ist ein außergewöhnlicher Bewußtseinszustand, weder Normalbewußtsein noch Schlaf. Die Aufmerksamkeit ist (auf einen Punkt) eingeschränkt und nach innen gerichtet. Die Wahrnehmung des Körpers und der Welt verändert sich.

An die Stelle logisch - rationalen Denkens tritt bildhaftes Erleben „innerer Welten". Trancezustände sind nicht ohne weiteres von außen zu erkennen, die Augen können offen und die Hypnotisierten in Bewegung sein.

Dieser außergewöhnliche Bewußtseinszustand bewirkt zahlreiche hypnotische Phänomene. In Hypnose oder Trance

- können wir unter Umständen Hellsehen oder Gedanken lesen
- unbekannte Sprachen sprechen und / oder verstehen
- sind wir unverwundbar und schmerzunempfindlich (Feuerlauf, Zahnarzt)
- können Körper und Körperteile steif sein wie ein Brett
- können wir Dinge sehen, die nicht da sind oder Dinge, die da sind, nicht sehen
- können wir wie Trancemedien automatisch sprechen, schreiben oder malen
- können wir uns an vergessene oder verdrängte Dinge wiedererinnern, so z. B. an die frühe Kindheit, an die Geburt, an die Zeugung oder gar an frühere Leben (?)
- können wir kreative Potentiale in uns freisetzen
- können wir sportliche Leistungen steigern
- können posthypnotische Suggestionen gegeben werden, die spä-

Die hypnotische Sicht

ter automatisch ausgeführt werden

Es gibt inzwischen eine Vielzahl von Techniken, Menschen in Hypnose oder Trance zu versetzen: Dazu gehören u.a.

Die Fixierungs- und Fokussierungstechnik
Die Aufmerksamkeit wird auf einen Punkt oder glänzende Gegenstände (Metalle, Kristalle, Wasserflächen) eingeschränkt bzw. fixiert.

Die Atemtechnik
Der Atem soll beobachtet, beruhigt oder kontrolliert werden.

Die Suggestionstechnik
Mit Hilfe verbaler Suggestionen (warm, schwer, wohlig, gelöst, losgelöst, entspannt) und einer ruhigen, sanften einschmeichelnden, monotonen Stimme.

Die Konfusionstechnik
Mit Hilfe paradoxer, unlogischer Formulierungen werden die Klienten verwirrt.

Die Einbettungstechnik
Dabei werden tranceauslösende Suggestionen in harmlose Geschichten (z. B. Märchen) eingebaut.

Die Zähltechnik
Dabei soll vorwärts oder rückwärts gezählt werden.

Die Imaginations- oder Visualisierungstechnik
Hierbei werden mit Hilfe verbal vorgetragener Texte geistige Bilder oder Filmszenen suggeriert. Man soll sich vorstellen, woanders zu sein als man ist, wobei möglichst alle Sinne angesprochen werden (vgl. Bongartz / Bongartz, 1996, S.118).

Die Entspannungstechnik
Mit Hilfe verbaler Suggestionen sollen Körper, Geist und Seele entspannt werden. Wir sollen alle Gedanken und Sorgen vergessen (den Geist leer machen) und / oder alle Muskelgruppen nacheinander an - und entspannen (vgl. LeCron 1996, 101 ff, Eberwein 1996, 32, Sheehan 1995, S.65 , 69, 73, Revenstorf / Zeyer 27, 67, 77).

Die hypnotische Sicht

Ein typisches, tranceinduzierendes Setting sieht wie folgt aus:

- ein ruhiger, abgedunkelter Raum, eventuell Kerzenlicht
- meditative Musik
- „Macht es euch bequem"
- die Augen schließen
- den Atem beobachten
- einen Punkt (Atem, Drittes Auge, Bauch - Chakra, Mantra, Körperteil, Wort, Bild usw.) fixieren
- verbale, tranceinduzierende Suggestionen (warm, wohlig, entspannt, schwer, leicht)
- Ansprechen aller Sinne
- „Stell Dir vor, an einem anderen Ort zu sein" (vgl. LeCron 1996, S.78 ff, 102, 113 ff, Chertok 1993 155 ff, Don Alfredo 1991, S.105f)

Genau dies geschieht immer häufiger in unseren Schulen und Kindergärten.

EINLEITUNG VON HYPNOSE UND TRANCE:

- Ruhiger Raum
- gedämpftes (Kerzen-) Licht
- Meditative Musik
- Bequem machen
- Augen schließen
- Alles loslassen
- Muskeln an- und entspannen
- Körper, Atem beobachten
- Punktfixierung
- Aufmerksamkeit nach innen richten
- Visualisierung: Stell Dir vor ...
- Suggestiv vorgetragene Texte
- Ansprechen aller Sinne

Die hypnotische Sicht

Daß dieses Setting in Hypnose und Trance führt, belegt (fast) jedes NLP - Buch (vgl. z. B. Lübeck 1994, Birker / Birker 1997, Schott / Birker 1995).

Selbsthypnose durch Autogenes Training
Autogenes Training wird inzwischen in zahlreichen Publikationen als Mittel der Entspannung, Beruhigung, Streßbekämpfung sowie als Mittel der „Förderung und Pflege von Fantasie und Kreativität" (vgl. Müller 1995, S.20) angepriesen, z. T. raffiniert verpackt in Form von Märchen (vgl. E. Müller).

Das Autogene Training wurde von H. J. Schulz aus der Hypnose (!) entwickelt. Autogenes Training ist nichts anderes als eine für den Westen entwickelte Form der Meditation und Selbsthypnose. Wie jede andere Form der Hypnose führt Autogenes Training in Trance, auch wenn dies in der Regel nicht offen zugegeben wird. Nach längerem Training lernt man, sich blitzschnell in Trance zu versetzen, um (angeblich) innere Ressourcen zu aktivieren.

Fazit: Aus Sicht der Hypnoseliteratur sollen Stilleübungen und Fantasiereisen unsere Kinder in Hypnose - und Trancezustände versetzen.

Die hypnotische Sicht

Wie aber erklären sich die Heilwirkungen und hypnotischen Phänomene der Hypnose oder der Trance? Die Antworten der Wissenschaft, der Psychologen und der Hypnotherapeuten sind äußerst unbefriedigend. Einige Autoren geben zu, daß sie diese Phänomene nicht erklären können, andere verweisen auf die wundersamen Wirkungen der Trance, der Vorstellung, der Einbildung, der Fantasie, der Suggestion oder gar des Un- (ter) - bewußten.

Es ist schon eine Zumutung, was uns Wissenschaftler, Akademiker, Professoren und Doktoren, Absolventen wissenschaftlicher Einrichtungen glauben machen wollen. Wie können Suggestionen - also bloße Worte - und Vorstellungen oder gar Kräfte des Unbewußten den Menschen unverwundbar, schmerzunempfindlich oder steif wie ein Brett machen? Wie kann es sein, daß wir in Trance Hellsehen, Gedanken lesen und unbekannte Sprachen sprechen oder verstehen können?

In fast keinem Hypnosebuch fehlen Verweise auf die Ägypter, Griechen und Schamanen. Den Ägytern und Griechen diente die Hypnose oder

Die hypnotische Sicht

Trance der Kommunikation mit den Göttern; und die Schamanen reisen in Trance in jenseitige Welten, um die übernatürlichen Fähigkeiten und Kräfte der Schutz- und Hilfsgeister zu nutzen. Schmerzunem-pfindlichkeit, Unverwundbarkeit, Heilkraft erklären die Schamanen mit den übernatürlichen Fähigkeiten der Götter oder Geister, die den Schamanen in Trance zugänglich sind (vgl. Bongartz / Bongartz 1996, S.47).

Damit stellt sich die Frage:
Wollen wir unseren Wissenschaftlern oder den Schamanen glauben?

Wenn wir der Erklärung der Schamanen zuneigen, dann würden Hypnose und Trance, die Tür zu unsichtbaren Welten und Mächten, die Tür zur Welt der Götter, Geister und Dämonen öffnen.

Diese Sichtweise würde auch die Risiken und Nebenwirkungen der Hypnose erklären. Die Interessenvereinigungen der Hypnosetherapeuten wollen aus naheliegenden Gründen zwischen den extremen Gefahren der Showhypnose, die in vielen Ländern bereits verboten ist, und der (angeblichen) Harmlosigkeit fachmännischer Hypnosen unterscheiden. Dennoch heißt es bei LeCron: „Zweifellos sind mit der Anwendung der Hypnose einige Gefahren verbunden!" (1996, S.85). Die vorliegende Literatur zeigt, daß es nach Hypnosen zu Kopfschmerzen, Übelkeit, Benommenheit, Schwindel, Schockerlebnissen und Alpträumen kommen kann. Vereinzelt können Hypnosen nicht oder nur unvollkommen aufgelöst werden. Vielfach kommt es zu Empfindungs-, Denk- und Wahrnehmungsstörungen (vgl. u.a. Eberwein 1996, S.124, Bongartz / Bongartz 1996, S.188f).

Ebenso kann es zu längerfristigen psychischen oder gar psychotischen Störungen, zu „Depressionen, von manischen und antisozialen Handlungen, von panikartigen Zwängen und Ängsten im Anschluß an hypnotische Sitzungen" kommen (vgl. Eberwein 1996, S.141).

Bei Altersregressionen („Fantasiereisen" in die Kindheit)

> *...besteht die Gefahr, daß der Klient die Behandlung abbricht, sich selbst oder andere schädigt, verrückt wird oder sich umbringt (vgl. Eberwein 1996, S.141, LeCron, 1996, S.87).*
>
> *Auch kann Hypnose katastrophale Auswirkungen (ha-*

Die biblische Sicht

ben), die bis hin zu Selbstmordreaktionen beim Patienten gehen können (vgl. Chertok, S.104).

Fazit: Stilleübungen und Fantasiereisen, die unsere Kinder in Hypnose oder Trance versetzen, bringen wie jede Hypnose oder Hypnosetherapie Risiken mit sich, wenn sie von unqualifizierten Personen praktiziert wird.
(vgl. Chertok S.104, Bongartz / Bongartz 1996, S.89)

Lehrer und Kindergärtner sind aber nicht nur unqualifiziert, sie sind auch nicht befugt, unsere Kinder in Hypnose oder Trance zu versetzen.

3.5   Die biblische Sicht

Bei dem Versuch, „Stilleübungen" und „Fantasiereisen" angemessen zu verstehen, kann und darf die biblische Sicht nicht fehlen.

Auch die Bibel unterscheidet eine sichtbare und eine unsichtbare Welt. Allerdings kennt die Bibel zwei gegensätzliche Reiche in der unsichtbaren Welt: Das Reich Gottes, das Reich des Lichts, mit Gott, dem Vater, dem Sohn (Jesus), dem Heiligen Geist und den Engeln Gottes auf der einen Seite, und das Reich Satans, das Reich der Finsternis, mit Satan und den Engeln Satans, den bösen Geistern und Dämonen auf der anderen Seite. Gott ist Liebe, Wahrheit und Barmherzigkeit; Satan ist ein Mörder und Lügner. Er kommt (nur), um zu töten, zu stehlen und zu zerstören (vgl. Joh 8/44; 10/10) - auch wenn er sich als „Engel des Lichts" verkleidet (vgl. 2 Kor. 11/14).

Der Gesamtkontext der Bibel macht deutlich, daß Gott die unsichtbare Welt verschlossen hat. Nur in Ausnahmefällen kann er seinen Auserwählten den Himmel für kurze Augenblicke öffnen, wie z. B. im Falle des Stephanus (vgl. Apg. 7/55).

Die biblische Sicht

Die Bibel lehrt auch, daß der Mensch Geist, Seele und Körper ist (vgl. 1. Thess. 5/23), oder exakter: Der Mensch ist unsterblicher Geist (nach Gottes Bild), hat eine unsterbliche Seele und lebt oder wohnt in einem sterblichen Körper, den er beim Tode verläßt, um entweder in den Himmel oder in die Hölle zu gehen. Aber auch zu Lebzeiten kann Gottes Geist die Seele / den Geist eines Auserwählten entweder in der diesseitigen (vgl. Hesekiel) oder in der jenseitigen Welt (Offenbarung) herumführen, um verborgene oder zukünftige Dinge zu offenbaren. Es gibt kein einziges Beispiel in der Bibel, wonach Menschen bzw. Gläubige Seelenreisen nach eigenem Willen unternommen haben.

In biblischer Sicht gibt es zwei übernatürliche Kraftquellen, von denen wir Rat und Hilfe erwarten können:

1. die Kraft und die Macht Gottes und

2. die Kraft und die Macht satanischer bzw. dämonischer Mächte

Die biblische Sicht

Wer sich an Gott wenden will, der muß den Weg über Jesus Christus gehen: Da wir mit Sünde belastet geboren werden, sind wir von Gott getrennt, Bürger im Reich der Finsternis. Doch Jesus hat am Kreuz alle Sünde auf sich genommen. Wer an Jesus Christus glaubt, wird ein Kind Gottes, ein Bürger im Reich Gottes. Deshalb sagt Jesus: Ich bin der Weg zum Vater (vgl. Joh. 14).

Gottes Kinder, Gerechte und Gläubige, können Gott im Gebet um Rat und um Hilfe bitten und Gott wird antworten - zu Seiner Zeit und nach Seinem Willen, der in der Bibel niedergelegt ist.

Die Bibel sagt, daß Gott in seltenen Fällen mit seinen Auserwählten u.a. in Träumen und Visionen spricht (vgl. 4 Mose 12/6, Hiob 35/15, Joel 3/1 ff, Mt 1/20, 2/12, 19, Dan 10, Offenbarung), wenn Er es will und nicht, wenn wir es wollen.

Gottes Wort fordert uns immer wieder auf, wachsam zu sein. Wenn wir mit Gott sprechen, sollen wir nicht in Trance, sondern hellwach sein (vgl. Mt 24/42, 26/41, Mk 13/33ff, 14/38; Lk 12/35 ff, 21/36; 1 Thess 5/6, 2 Kol 4/2, 2 Thess 5/6, 1 Kor 16/13; 1 Petr. 5/8).

Außerdem sollen wir den Geist (die Gedanken) mit dem Wort Gottes bzw. mit dem Heiligen Geist füllen - und nicht leermachen (vgl. Jos 1/8; Ps 1/3, Mt 12/43 ff), weil andernfalls böse Geister oder Dämonen in das leere Haus eindringen und es unter ihre Kontrolle bringen können (vgl. Mt 12/43ff). Diesen Zustand nennt die Bibel Besessenheit.

Die Bibel warnt uns eindringlich davor, die Tür zur unsichtbaren Welt zu öffnen und Kontakt mit den unsichtbaren Wesen und Mächten im Reich der Finsternis aufzunehmen.

In biblischer Sicht ist Gott der Schöpfer und der Mensch Gottes Geschöpf. Gott, der Schöpfer von Himmel und Erde, sagt in seinem Wort, der Bibel, daß wir Gottes Wort, Gottes Willen und Gottes Geboten gehorchen sollen (Sein Wille geschehe), insbesondere dem Gebot der Gottesliebe, der Nächstenliebe und der (unaufkündbaren) Gattenliebe.

Gottes Gebote sind Schutzgesetze; sie schützen uns vor den Mächten der Finsternis. Wer von Gottes Wort und Gottes Geboten abweicht, öffnet sich dunklen, satanischen oder dämonischen Mächten (vgl. Sprüche 10/8).

Die biblische Sicht

Das geschieht z. B. durch

- Aberglauben, d.h. durch Glauben an andere (nicht - göttliche) Mächte, Dinge oder Lehren
- das Anfertigen von Bildern, sei es in Natur oder im Geiste bzw. in der Fantasie
- das Anbeten von Götzen und Göttern
- Wahrsagerei, Hellseherei, Orakeldeuterei
- Zauberei, Hexerei, Magie
- das Ansprechen, Anrufen, Beschwören von Geistern oder Totengeistern (vgl. 5 Mose 18/10)
- die Verehrung von Sonne, Mond und Sterne (vgl. 5 Mose 17/3)
- das Befragen von Rute und Pendel (vgl. Hab 2/19, Hos 4/12, Jer 2/27) und anderen „toten Gegenständen" wie z. B. Steinen, Pflanzen, Tieren

Die Schrift sagt:
Ich bin der Herr, dein Gott ...
Du sollst keine anderen Götter haben neben mir ...
Du sollst Dir keine (AB-) BILDER machen, weder von dem, was oben im Himmel, noch von dem, was unten auf der Erde, noch von dem, was im Wasser unter der Erde ist. Du sollst sie nicht anbeten, noch ihnen dienen. (5 Mose 5/6-9)

Die Gebote Gottes sagen also ausdrücklich, wir sollen uns keine Bilder von übernatürlichen (außerirdischen) Wesen und Mächten machen.

Warum?

Weil innere Bilder, Visualisierungen, Imaginationen und geistige Vorstellungen (in Trance) eine Form der Kommunikation mit unsichtbaren Welten, Wesen und Mächten sind. Allerdings nicht mit dem Reich Gottes, sondern mit dem Reich der Finsternis, d.h., sie sind eine Form der Kommunikation mit dunklen, satanischen oder dämonischen Mächten, die uns nicht helfen, sondern schaden wollen.
Visualisierungen und Imaginationen sind eine Form geistiger Kommunikation, eine Kommunikation zwischen dem Geist des Menschen und den Geistern im Reich der Finsternis - über innere, geistige Bilder oder Filmszenen. Sie sind Botschaften oder Arbeitsaufträge an unsere „geistigen Helfer", an „die geistige Welt, in der auf die rechte Art um Hilfe

Die biblische Sicht

gebeten wird" (Lübeck 1994, S.104/5, vgl. auch Abschnitt 3.1). Kurz: In Träumen und Visionen spricht Gott mit seinen Auserwählten - den Gläubigen und Gerechten -, wenn Er es will; mit „inneren Bildern", Visionen, oder Imaginationen kommunizieren Ungläubige mit dunklen, dämonischen Mächten, (immer) wenn sie es wollen - oder wenn die Lehrer hierzu auffordern.

In biblischer Sicht verstoßen „Stilleübungen" und „Fantasiereisen" gegen Gottes Wort.

Die Kinder sollen

- in Trance gehen
- den Geist leermachen
- den Körper verlassen
- mit unsichtbaren Wesen kommunizieren
- innere Bilder entstehen lassen
- im Geiste Zauberei betreiben
- nichtgöttliche Wesen um Rat und um Hilfe bitten
- diesen Wesen Folge leisten und gehorchen
- mit toten Gegenständen (Steinen, Kerzen, Pendeln) sprechen
- Kerzen schweigend verehren

Insofern sind „Stilleübungen" und „Fantasiereisen" Götzendienst und Aberglaube, d.h. Glaube an die falschen (nichtgöttlichen) Mächte.

Lehrer und Lehrerinnen glauben offensichtlich, daß Seelenreisen und das Malen oder Ausmalen von Mandalas bewirken, was vernünftige Gespräche und Malereien (z. B. von Kühen oder Landschaften) nicht erreichen können.

Fazit: In biblischer Sicht sind Stilleübungen und Seelenreisen okkulte und magische Praktiken, die gegen das Wort Gottes verstoßen und die Tür zum Reich der Finsternis öffnen. Vor der Tür stehen böse Geister und Dämonen, die unsere Kinder schwer seelisch schaden und unter Umständen (geistes-) krank und besessen machen können.

Wie jede andere okkulte Praktik, bringen sie Unruhe und Unfrieden (vgl. Jes. 48/22, 57/21), statt - wie versprochen - Ruhe und Frieden.

Die biblische Sicht

Zugleich bringen die Abwendung von Gott und Gottes Wort, sowie die Hinwendung zu Götzendienst und okkulten Praktiken, statt Gottes Segen, einen Fluch Gottes (als Strafe) auf den Einzelnen, ganze Städte und Länder, z. B. in Form von Verarmung, Verschuldung, Krankheiten, geistiger Verwirrung und Blindheit, moralischem und sozialem Verfall (vgl. 3 Mose 26, 5 Mose 28/1 ft).

Vor diesem Hintergrund wäre eine massive Kritik von Seiten der Kirchen, Gemeinden, Theologen, Pastoren, Sekten - Beauftragten und Religionslehrer zu erwarten. Das Gegenteil ist der Fall:

1. In vielen Gemeinden werden Meditation, Entspannungsübungen, autogenes Training, Yoga, Qi Gong, Tai chi usw. angeboten.

2. Verschiedene Theologie - Professoren führen an den Universitäten Seminare über Meditation, Stilleübungen und Fantasiereisen durch.

3. Theologen wie z. B. H. Halbfass verbreiten das Konzept der Stilleübungen in Lehrer - Handbüchern für den Religionsunterricht.

4. Einzelne Sektenbeauftragte verteidigen und praktizieren „Stilleübungen" und „Fantasiereisen" im (Religions) Unterricht.

5. Religionslehrer fordern unsere Kinder zum Pendeln, Gläser- und Tischerücken auf.

6. Einige christliche Verlage verbreiten okkulte Entspannungsübungen in den Gemeinden (vgl. z. B. Dieterich 1992).

Insofern drängt sich der Verdacht auf, daß deutsche Theologen, Pastoren und Religionslehrer - im Unterschied zum Beispiel zu afrikanischen, britischen oder amerikanischen - die Bibel nicht verstehen oder nicht ernst nehmen, geschweige denn befolgen. Denn das Wort Gottes fordert uns auf, die „Werke der Finsternis" aufzudecken und keine Gemeinschaft mit ihnen zu haben (Eph 5/11).

Die biblische Sicht

Schlimmer noch ist der Verdacht, daß verschiedene „Evangelisten", Pastoren und (freie) Gemeinden okkulte Praktiken unter christlichem Etikett verbreiten und insofern keinerlei Interesse an der Aufdeckung okkulter Praktiken in unserer Gesellschaft haben.

Vor diesen „falschen Propheten" hat uns Jesus Christus bereits vor 2000 Jahren ausdrücklich gewarnt (Mt 7/15, 24/4, 11, 24).

Die wissenschaftliche Sicht

3.6 Die wissenschaftliche Sicht

Es mag nun einige Leser geben, die einwenden werden, das alles sei völlig unwissenschaftlich, bloßer Unfug verdrehter Esoterikerinnen. Deshalb sei zunächst daran erinnert, daß die meisten Autoren und Autorinnen der referierten Literatur Wissenschaftler, d.h. Absolventen von Universitäten, sind. Sie sind Psychologen, Pscho - oder Hypnotherapeuten, Psychoanalytiker, Pädagogen, Erziehungswissenschaftler, Mediziner, Ärzte, einige sind Professoren und Doktoren mit internationalem Ruf, so z. B. M. Erikson, Bandler, Grinder, Simonton, Achterberg, welche die wissenschaftlichen Grundlagen für „Stilleübungen" und „Fantasiereisen" gelegt haben, wie z. B. die Literaturverweise bei Kutschera / Harbauer 1996 dokumentieren.

Zudem beschäftigen sich mehr und mehr Wissenschaftler mit dem Übernatürlichen und der Magie, so z. B. die Psychologie und Parapsychologie, die Hypnoseforschung, die Medizin, aber auch Teile der modernen Physik. Bandler und Grinder (1994) forschen und publizieren über „Strukturen der Magie".

Mediziner geben z. B. Krebspatienten Anleitungen für außerkörperliche Seelenreisen, um sie (angeblich) zu heilen (vgl. Simonton, Achterberg, div. deutsche Professoren in Bochum, Heidelberg usw.).

Sie betreiben Magie unter dem Deckmantel der Wissenschaft. Das gleiche gilt für die Parapsychologie und Hypnoseforschung. Es ist eine Zumutung, was diese sogenannten Wissenschaftler dem gesunden Menschenverstand glauben machen wollen, wenn es z. B. um die Deutung und Erklärung paranormaler, spiritistischer oder hypnotischer Phänomene geht.

Schließlich: Was ist von Wissenschaftlern (z. B. C. G. Jung) zu halten, die offen zugeben, daß sie von jenseitigen Geistwesen inspiriert wurden?

Auch Bandler und Grinder (1975) sowie Kutschera / Harbauer (1996) und Shakti Gawain (1996) fühlen sich offensichtlich unsichtbaren Geistwesen verbunden, denen sie sogar ihre Bücher widmen. Und das in seriösen Verlagen!

Die medizinisch - psychologische Sicht

Wenden wir uns den im Kapitel 1 postulierten Grundannahmen okkulter Praktiken zu:

1. Die Existenz unsichtbarer, nichtmaterieller Welten wird in weiten Teilen der modernen Physik unter den Stichworten „Viele - Welten - Theorie" (Wheeler), implizite Ordnung (D. Bohm), Hyper-, Parallelwelten usw. (vgl. zuletzt die Publikationen von Meckelburg).
2. Wissenschaftlich fundierte Belege für außerkörperliche Seelenreisen liefert

    - die Nah - Todesforschung (vgl. u.a. Moody, Kübler - Ross, Mekkelburg 1997)
    - die Forschung über außerkörperliche Erfahrungen (vgl. zuletzt Meckelburg 1997)
    - die Militärforschung, die AKE - Techniken sogar zur Spionage nutzt (vgl. Meckelburg 1994)
    - die Bewußtseinsforschung, die eine vom Körper unabhängige Existenz des Bewußtseins postuliert (vgl. u.a. Eccles, Colin Mc Ginn, Grof / Bennett 1997, Ch. Tart, K. Wilber)
    - die Ethnologie / Kulturanthropologie, die nachgewiesen hat, daß es sich bei außerkörperlichen Seelenreisen um ein „unbestreitbares und real - existierendes Erlebnisphänomen" (vgl. Bauer / Behringer 1997, S.197) handelt

3. Hinweise auf die Existenz übernatürlicher Wesenheiten geben u.a. die spiritistischen und hypnotischen Phänomene, wenn man zur Deutung und Erklärung den gesunden Menschenverstand benutzt, statt pseudowissenschaftlichen Theorien blinden Glauben zu schenken. Weitere Hinweise geben moderne, aufgeschlossene Psychiater wie z. B. der Amerikaner Scott Peck in seinem Buch „Die Lügner" (1990) sowie die umfangreiche Literatur zum Phänomen der Besessenheit (vgl. u.a. Blumhardt, Naegeli - Osjord 1983, Koch 1981).

3.7 Die medizinisch - psychologische Sicht

Die Verfechter von „Stilleübungen" und „Fantasiereisen" behaupten, diese Praktiken würden die Kinder zur Ruhe bringen, Ängste abbauen und die Leistungen steigern. Das Gegenteil ist der Fall: Wissenschaftliche Untersuchungen zu den Gesundheitsrisiken und Nebenwirkungen

Die medizinisch - psychologische Sicht

von Meditation und anderen spirituellen Praktiken zeigen: Die Nebenwirkungen dieser unverantwortlichen Praxis reichen von diffuser Unruhe, massiven Ängsten, Alpträumen, Visionen, Halluzinationen bis hin zu epileptischen Anfällen, Depersonalisationserscheinungen, Selbstmordgedanken und Entzugserscheinungen (vgl. Scharfetter 1991, Niebel / Hanewinkel 1997) sowie Tinnitus - Beschwerden (störende Geräusche im Ohr).

Diese Nebenwirkungen bleiben den Lehrern und Erziehern zwangsläufig verborgen, während die betroffenen Eltern und Kinder vor einem unerklärlichen Rätsel stehen, wenn die Kinder plötzlich Alpträume haben, Ängste zeigen und von Geräuschen im Ohr geplagt werden (vgl. Erlebnisberichte). Insofern ist der Fanatismus mit dem Lehrer, Erzieher und Schüler Traum- und „Fantasiereisen" fordern und verteidigen höchst bedenklich.

Während vor allem die schamanische Literatur (vgl. u.a. Harner, Montal, Ulrich, Oertli) auf die vielen psychiatrischen Fälle hinweist und vor den traumatischen Erfahrungen und Begegnungen mit Monstern, Geistern, Dämonen und anderen Horrorgestalten eindringlich warnt (vgl. auch Maharaj 1996), werden diese Warnungen in der deutschen Literatur vollständig verschwiegen. Allein Rozman (1996) - eine Amerikanerin - erwähnt die „erschreckenden Erfahrungen" mit Monstern, Teufeln und bösen Mächten, die uns angreifen können (vgl. S.166/7). Zugleich empfiehlt sie den Kindern einen Abwehrzauber aus der Hexenküche der Zauberei. Abgesehen davon, daß Hypnosen und Trance - Induktion in Schulen und Kindergärten verboten gehören, sollten uns die schrecklichen Folgen von Show - Hypnosen und die Warnungen der Hypnoseliteratur (vgl. Abschnitt 3.4) genügen. In der Tat berichten sowohl die schamanischen Veröffentlichungen als auch viele Seelenreisende von der panischen Angst, nicht wieder in den Körper zurückkehren zu können. Außerdem liegen (mir) viele Berichte vor, die belegen, daß nach einiger Übung eine fremde Macht die Seele geradezu aus dem Körper herauszieht.

Fazit: Stilleübungen und Fantasiereisen können unseren Kindern schweren gesundheitlichen und seelischen Schaden zufügen und unter Umständen geisteskrank und süchtig machen. Traumreisen können wahre Alptraumreisen sein - mit lebenslangen psychiatrischen Folgen.

Die rechtliche Sicht

In diesen Fällen erfüllen sie den strafrechtlichen Tatbestand der schweren Körperverletzung!

3.8 Die rechtliche Sicht

Der Anfang vom Ende der Religionsfreiheit

Art. 4 GG garantiert die Freiheit der Religionsausübung und §2 des Nds. Schulgesetz verpflichtet die Lehrer, die Persönlichkeit der Schüler u.a. auf der Grundlage des Christentums weiterzuentwickeln. In Wirklichkeit erobern und unterwandern religiöse Praktiken des Fernen Ostens unsere Schulen und Kindergärten. Unter dem Vorwand der Stilleübung werden kleine Kinder selbst im Sachkunde-, Musik-, Kunst-, Sport- und im Religionsunterricht massiv unter Druck gesetzt, okkulte, schamanische und fernöstliche religiöse Praktiken einzuüben.

Eltern, die ihre Kinder aus Glaubens- und Gewissensgründen nicht an okkulten und magischen Übungen oder Hexenpraktiken teilnehmen lassen wollen, werden z.B. in Niedersachsen von Lehrern, Schulleiterinnen und von der Schulbehörde öffentlich diffamiert und mit hohen Bußgeld-Androhungen diszipliniert.

Während den Kindern das Christentum und das Wort Gottes selbst im Religionsunterricht vorenthalten wird, werden deutsche Kinder in mehrwöchigen, fächerübergreifenden Hexenprojekten in den Geist und in die Praktiken der Magie, Hexerei und Zauberei eingeweiht, unter anderem mit Texten von J.W. von Goethe, dem Großmeister der Magie.

Demgegenüber sind die religiösen Praktiken des Christentums in unseren Schulen und Kindergärten absolut verpönt. Selbst christliche Gemeinden und Kindergärten haben sich weit vom Wort Gottes entfernt und Praktiken aus den Religionen des Fernen Ostens übernommen.

Fazit: In unseren Schulen und Kindergärten ist die Religionsfreiheit massiv eingeschränkt. Okkulte und religiöse Praktiken des Fernen Ostens haben das Christentum weitgehend verdrängt. Die öffentlichen Schulen aber sind verpflichtet, die grundgesetzlich garantierte Religionsfreiheit zu gewährleisten.

Die rechtliche Sicht

Grundgesetz

Artikel 4

(1) Die Freiheit des Glaubens, des Gewissens und die Freiheit des religiösen und weltanschaulichen Bekenntnisses sind unverletzlich.

(2) Die ungestörte Religionsausübung wird gewährleistet.

Niedersächsisches Schulgesetz
§ 2
Bildungsauftrag der Schule

(1) Die Schule soll im Anschluß an die vorschulische Erziehung die Persönlichkeit der Schülerinnen und Schüler **auf der Grundlage des Christentums**, des europäischen Humanismus und der Ideen der liberalen, demokratischen und sozialen Freiheitsbewegungen weiterentwickeln.

/ *Mandalas*

4

4. Exkurs

4.1 Mandalas: Wege zum Geistführer

Mandalas werden heute in fast allen Grundschulen und Kindergärten benutzt. Lehrer und Erzieher versprechen sich offensichtlich Wunder vom Malen oder Ausmalen sog. Mandalas. Mandalas sind in der Regel kreisförmige Bilder. Das Wort Mandala kommt aus dem Sanskrit und heißt: Heiliger oder magischer Kreis. Die meisten Mandalas sind ohne jeden Zweifel religiöse oder okkulte Symbole. Einige enthalten Götter und Gottheiten, andere das Symbol der Magier und die indische Chakrenlehre (vgl. Glossar, Abschnitt 3.1).

Mandalas werden seit Jahrtausenden von indianischen Schamanen und indischen Yogis, im Hinduismus, Buddhismus, Tibetischen Buddhismus und Tantra-Yoga als Hilfsmittel der Meditation benutzt (vgl. Huyser 1996, S.27; Lexikon der Esoterik 1995; Lexikon der östlichen Weisheitslehren).

Die Mandala - Literatur verweist regelmäßig auf Indianer, Schamanen, Yogis, tibetische Mönche, aber auch auf Hexen (vgl. Wicca, Druiden), Mystiker (H.v. Bingen, J. Boehme) sowie auf die Ureinwohner Australiens, die Voodoo - Praktiken Südindiens, die Rosenkreuzer, Kabbalisten und Alchemisten (vgl. Huyser, 1996).

Bereits im Abschnitt 3.1 hatten wir die Funktion der Mandalas als Hilfsmittel der Bewußtseinstransformation (Versenkung, Meditation) und der Visualisierung eines Tunnels in die andere, jenseitige Welt dargestellt.

Die gleiche Funktion, die Mandalas bei indianischen Schamanen hatten und z. T. noch heute haben (vgl. Harner 1996, 50ff), haben Mandalas in Schulen und Kindergärten (vgl. insbesondere Rozman 1996, S.165 ff).

Mandalas

In der modernen Zeit wurden Mandalas von dem Psychologen C. G. Jung für den Westen wiederentdeckt, nachdem er jahrelang mit drei Geistwesen (!) kommuniziert hatte, täglich (in Trance) mit dem Malen von Mandalas in die jenseitige Welt reiste, um sich „wissenschaftliche" Inspirationen von seinen Geistführern geben zu lassen (vgl. Murty, S.35ff, Preuschoff 1996, S.92, Huyser 1996, S.17).

Das gleiche sollen nun offensichtlich unsere Kinder in Schulen und Kindergärten tun, folgt man der Mandala - Literatur. In der Tat entspricht die Kunst des Mandalamalens dem Grundmuster okkulter Praktiken (vgl. Kapitel 1):

Bewußtseinstransformation und Trance - Induktion:
Die esoterische Fachzeitschrift „Esotera" bezeichnet Mandalas als „buddhistische Meditationsbilder zur Versenkung in ganz spezifische Bewußtseinszustände" (4/96). Deshalb beginnt die Kunst des Mandalamalens in der Regel mit der Trance - Induktion. Man soll

- es sich bequem machen
- die Augen schließen
- den Atem regulieren
- die Muskeln an- und entspannen
- einen Punkt (z. B. eine brennende Kerze) fixieren
- Düfte und Duftlampen benutzen
- meditative Musik spielen
- alle Gedanken loslassen
- monoton tanzen

(vgl. Huyser 1996, S.24, 37f, 115 ff)

Es öffnet sich „die Tür zu einer schöpferischen Quelle", zu „tieferen Schichten des Bewußtseins", „zum Inneren" (vgl. S.7, S.38), „ein Fenster zu einer anderen, transzendenten Welt der Fantasie und Intuition" (vgl. S.48/9).

Diesen Durchgang durch eine Tür in eine andere Welt symbolisieren z. B. eindrucksvoll ein Mandala und ein Bild in dem Buch „Gemeinsam Stille entdecken" von Maschwitz / Maschwitz (1995) auf den Seiten 193 und 225.

Mandalas

Kommunikation mit unsichtbaren Wesen und Mächten
Nach den von Huyser empfohlenen Entspannungsübungen erscheint auch hier

> ...*eine Person oder ein Tier. Heißen sie dieses Geschöpf willkommen, denn es ist für sie bedeutsam. Betrachten sie sein Aussehen, und fragen sie, ob es ihnen etwas sagen möchte ...(vgl. S.118)*

Durch das Malen oder Ausmalen von Mandalas entstehen Kontakte

- zum „Großen Geist", zur „Göttlichen Energie", zur „Kraft des Universums"
- zum „Selbst" (vgl. Preuschoff 1996, S.92)
- zu „magischen, schützenden und heilenden Kräften" (vgl. Huyser 1996, S.12)
- zur „innersten Quelle" (vgl. S.9)
- zum „höheren Selbst" (vgl. S.9)
- zu „kreativen Kräften" (vgl. S.7)
- zum „schöpferischen Kern" (vgl. S.37)
- zu „transformierenden Kräften" (vgl. Huyser 1996, S.36)

Von diesen Quellen hören wir unter Umständen ganze „Sätze", erhalten wir „praktische Anweisungen", wie von „inneren Lehrern" (vgl. S.9).

Genauso haben - nach Aussage der Autorin - primitive Kulturen den Kontakt mit Göttern bzw. mit der Geisterwelt hergestellt (vgl. S.15, 16). „Aus dieser Quelle" - so die Autorin

> ...*kam nun nicht nur der Antrieb zur Schaffung von Mandalas, sondern auch die Idee zu diesem Buch (vgl. S.9)*

Gemeint ist, daß die Idee zu diesem Mandala - Arbeitsbuch aus dem Jenseits kam!

Es ist zu vermuten, daß Lehrer, die „Stilleübungen" , „Fantasiereisen" und Mandalas vor Klassenarbeiten benutzen, ebenfalls „transzendente Kraftquellen" anzapfen wollen.

Auch auf Gefahren weist dieses Mandala - Arbeitsbuch hin. Es können

Mandalas

beim Mandala malen „Zorn, Angst, Haß und Wut" (vgl. S.37) an die Oberfläche kommen. Es kann passieren, daß dieser Prozeß „manchmal schwierig zu beenden" ist (vgl. S.36), und es können „psychotische Veranlagungen" aufbrechen (vgl. S.47).

Wie ist das möglich?

Passiert dies auch beim Malen oder Ausmalen von Blumen oder Kühen? Warum und wieso wollen wir unsere Kinder diesen Gefahren aussetzen?

Das Malen oder Ausmalen von Mandalas scheint somit offensichtlich nicht immer zur versprochenen Ruhe zu führen.

In einem Mandala - Buch der ars - edition werden Mandalas als religiöse Symbole qualifiziert, die Göttern oder Gottheiten geweiht sind und im Zentrum häufig eine Gottheit darstellen. Mandalas sind Hilfsmittel fernöstlicher Meditation, die spirituelle bzw. religiöse Erfahrungen von der Einheit aller Dinge, dem Einssein des Menschen mit dem Universum ermöglichen (sollen). Sie sind „Tore zum Göttlichen", zur „trans-zendenten Ebene", zur „Astralebene"; sie sind Gleichnis einer „Reise zu den Göttern", einer „Reise der Seele ...ins Zentrum der absoluten Wirklichkeit".

Pendeln, Gläserrücken

4.2 Geisterbeschwörung: Pendeln und Gläserrücken

Wissenschaftliche Untersuchungen zum Thema „Jugend und Okkultismus" zeigen, daß Jugendliche in ihrer Freizeit pendeln und Gläser rükken (vgl. z. B. Mischo 1996).

Schlimmer noch ist die Tatsache, daß vor allem Religionslehrer unsere Kinder zum Pendeln, Gläser- und Tischerücken auffordern, obwohl die Bibel Wahrsagerei und die Anrufung von Totengeistern streng verbietet (vgl. 5 Mose 18/10).

Selbst in theologischen Seminaren werden Studenten an der Universität in die Kunst des Gläserrückens und Pendelns eingeführt. Zur spiritistischen Praxis des Pendelns und Gläserrückens gibt es verschiedene Positionen und Erklärungsmuster:

1. Die Ignoranzposition: Das Phänomen wird geleugnet.

2. Die Betrugs- oder Trickposition:
   Das Pendel oder Glas bewegt sich aufgrund eines undurchsichtigen (Zauber-) Tricks.

3. Die spiritistische Position:
   Das Pendel oder Glas wird von den angerufenen Geistern der Toten bewegt.

4. Die animistische Position:
   Das Glas wird (letztlich) vom Unbewußten der Teilnehmer vermittelt über (kleine) Muskelbewegungen der Finger und Arme gesteuert (Carpenter - Effekt).

5. Die biblische Position:
   Das Pendel oder Glas wird von dämonischen Mächten bewegt.

Gegenwärtig gibt es einen Konsens, ein Diktat, wonach einzig und allein die animistische Erklärung in Frage kommt (vgl. Eberlein 1995, S.107, 130). Diese Position wird vor allem von den Parapsychologen Prof. Bender und Prof Mischo verbreitet (vgl. Mischo 1996, Eberlein 1995).

Wer die zahlreichen Berichte über die rasanten Bewegungen des Pendels oder des Glases aufmerksam studiert, der fragt sich mit Recht, wie

Pendeln, Gläserrücken

das Unbewußte derartige Effekte zustande bringen kann. Im übrigen werden mit diesem pseudowissenschaftlichen Erklärungsversuch spiritistische Praktiken geradezu verharmlost (vgl. Wiesendanger 1995, S.92; Knackstedt 1996, S.29 - 35). Danach gibt es wirklich keinen vernünftigen Grund von Praktiken Abstand zu nehmen, die dennoch nachweislich schwer (geistes) krank machen können (vgl. Allen, Cutoma, Koch).

In biblischer Sicht werden nicht Totengeister, sondern böse Geister und Dämonen tätig, die immer ins Spiel kommen, wenn sie (wenn auch unter falschem Namen) angerufen werden. Genau deshalb warnt uns die Bibel vor spiritistischen Praktiken (vgl. 5 Mose 18/10).

5

5. Was tun? Auswege!

5.1 Okkultfreie Schulen schaffen

Kommen wir zum Schluß.
„Stilleübungen" und „Fantasiereisen" entsprechen dem Grundmuster okkulter Praktiken. Sie zielen auf

- Bewußtseinstranformation und Trance - Induktion, um Türen zu unsichtbaren Welten und Mächten zu öffnen
- außerkörperliche Seelen- oder Astralreisen
- Kommunikation mit unsichtbaren Wesen und Mächten
- Entwicklung übernatürlicher (außersinnlicher) und magischer Fähigkeiten

Daß es sich hierbei nicht um normale Unterrichtsmethoden handelt, zeigt zum Beispiel auch die Tatsache, daß in den Texten zu den „Stilleübungen" und „Fantasiereisen" meist posthypnotische Suggestionen eingebaut sind, die den Kindern verbieten über ihre außerkörperlichen Erfahrungen und Begegnungen mit Horrorwesen aller Art zu berichten. Dazu kommen verbale Instruktionen der Lehrer, ihren Eltern die „modernen Unterrichtspraktiken" zu verschweigen. In der Tat gibt es viele Eltern-Berichte, die besagen, daß Kinder über die „Stilleübungen" und „Fantasiereisen" keine Auskunft geben. Dieselben Regeln gibt es in allen Sekten und okkulten oder esoterischen Zirkeln. Niemand darf über seine „meditativen" Erfahrungen berichten.

„Stilleübungen" und „Fantasiereisen" sind das Erziehungsprogramm von New Age und Esoterik, wonach Lehrer und Erzieher im Sinne einer „sanften Verschwörung" (Ferguson) den „heimlichen Lehrplan des New Age" (Ruppert) durchsetzen und als „Magier" (Vopel) die „Strukturen der Magie" (Bandler / Grinder) praktizieren und unsere Kinder zu „Groß - Stadt - Schamanen" (Roth) heranbilden sollen - es sei denn, die Kul-

Okkultfreie Schulen schaffen

tusminister und Schulverwaltungen würden endlich aufwachen und der okkulten und esoterischen Unterwanderung unserer Schulen sowie der Lehreraus- und -weiterbildung Einhalt gebieten.

„Stilleübungen" und „Fantasiereisen" sind somit keine „anerkannten Unterrichtsmethoden", keine Methoden oder Wege einer modernen Pädagogik, sondern uralte okkulte bzw. religiöse Praktiken aus dem Fernen Osten, dem Schamanismus und der Magie, wissenschaftlich verkleidet und kindgemäß verpackt.

„Stilleübungen" und „Fantasiereisen" funktionieren, Gott sei Dank, nicht immer. Soweit sie funktionieren, sind Kinder (und Erwachsene) felsenfest davon überzeugt, daß sie tatsächlich an einem anderen Ort waren (vgl. Erlebnisberichte).

Traum- oder „Fantasiereisen", Mandala malen, Meditation, Yoga, Qi Gong, Tai chi, Entspannungs-, Wahrnehmungs-, Atem- und andere Körperübungen sind auch keine harmlosen „Stilleübungen", sondern höchst gefährliche Praktiken.

Ihre Gesundheitsrisiken und Nebenwirkungen sind ausreichend belegt (vgl. zuletzt Scharfetter 1991, Niebel / Hanewinkel 1997). Es gibt keinen Grund für (weitere) wissenschaftliche Forschung, die unsere Kinder zu Versuchskaninchen dubioser religiöser, schamanischer oder magischer Praktiken machen würde. Überdies sind Zweifel angebracht, ob Politik und Wissenschaft im heraufziehenden Zeitalter des New Age und der Esoterik, des Okkultismus und der Magie, ein Interesse an der Aufklärung über Wesen und Gefahren okkulter Praktiken haben, obwohl unsere Gesellschaft bei jeder Gelegenheit das Wohl unserer Kinder beschwört.

In anderen christlich orientierten Ländern (Afrikas) wie z. B. Ghana wären okkulte und magische Praktiken in Schulen unmöglich. Afrikaner wissen aus ihrer Tradition heraus, um das Wesen und die Gefahren derartiger Praktiken. Afrikaner, denen ich die „Stilleübungen" und „Fantasiereisen" erläutert habe, wollten nicht glauben, daß magische Praktiken in Deutschland sogar in Schulen und Kindergärten gelehrt und angewendet werden. In Afrika müssen Hexen und Zauberer um ihr Leben fürchten, wenn sie entdeckt werden. Afrikanische Eltern würden, so wurde mir versichert, ihre Kinder sofort (!) aus derartigen Schulen nehmen oder die Lehrkraft in den Busch jagen.

Okkultfreie Schulen schaffen

Es ist interessant zu sehen, daß sich viele afrikanische Länder von Okkultismus, Magie, Hexerei und Zauberei ab - und dem Christentum zuwenden, während Deutschland den umgekehrten Weg geht.

Interessant ist auch die hohe spirituelle Kompetenz der Afrikaner, die sie befähigt, okkulte und magische Praktiken zu erkennen und zu durchschauen sowie die absolute Blindheit der Deutschen, die uralte magische Praktiken für Wissenschaft halten, wenn sie entsprechend verkleidet und von Wissenschaftlern (Professoren, Doktoren, Psychologen, Medizinern usw.) an Universitäten gelehrt und praktiziert werden.

Vor diesem Hintergrund ist es höchste Zeit, daß wir endlich aufwachen, den wirklichen Charakter von New Age, Esoterik, Okkultismus und Spiritismus erkennen und im Interesse der Zukunft unserer Kinder alle Lebensbereiche unserer Gesellschaft in okkultfreie Zonen umwandeln. Beginnen wir mit den Schulen und Kindergärten. **Verwandeln wir unsere Schulen in okkultfreie Zonen.** Lassen Sie uns für okkultfreie Schulen zum Wohle unserer Kinder eintreten und kämpfen. Widerstehen wir den Interessen einer okkulten und esoterischen Lobby.

Das Zeitalter der Magie, Hexerei und Zauberei sollte Vergangenheit und nicht unsere Zukunft sein - unter dem Namen New Age oder Esoterik.

Es ist wahr, daß unsere Kinder unruhig und unkonzentriert sind und daß Mittel und Wege gefunden werden müssen, effektives Lernen möglich zu machen.

Es ist jedoch unfaßbar, daß Schulverwaltung und Lehrerfortbildung (NLI) Übungen favorisieren, fördern und verteidigen, die von dem Religionspädagogen H. Halbfass als religiöse „Wege zu Gott" verstanden werden.

In Wirklichkeit aber sind es okkulte und magische Praktiken, die in biblischer Sicht nie zu Gott, sondern zu seinem Widersacher führen. Der Weg zu Gott führt nur - und nur - über seinen Sohn, Jesus Christus!

Indianische Schamanen und indische Yogis verbinden sich in Stille, Ekstase oder Trance mit der Welt der Götter, Geister und Dämonen.

Deshalb dürfen okkulte Praktiken allenfalls Gegenstand, aber nie Mittel und Methode des Unterrichts sein. Unterricht an öffentlichen Schulen soll an den Verstand appellieren und diesen nicht durch Hypnose, Trance und Reisen in der Fantasie ausschalten.

„Stilleübungen" und „Fantasiereisen" sind keine „anerkannten Unterrichtspraktiken"; und es gibt auch keinen „verantwortungsvollen Umgang" mit ihnen, wie die Schulverwaltung behauptet.

Die Literatur sowie zahlreiche mir vorliegende Erlebnisberichte belegen, daß schon das Lesen von Büchern zum Thema Astralreisen zu außerkörperlichen Austritten führen kann (vgl. u.a. auch Meckelburg 1994, S.327, 1997, S.193 ff, Ledermann / Skambraks 1989, Berger 1985).

Zudem ist bekannt, daß der einmalige Austritt aus dem Körper, diese Fähigkeit generalisiert, d.h. außerkörperliche Reisen treten in der Folge spontan und meist gegen den Willen auf (vgl. Meckelburg 1994, S.326ff).

5.2 Ratschlag an die Eltern

Sprechen Sie mit Ihren Kindern, schützen Sie Ihre Kinder vor okkulten Praktiken und gesundheitlichen Schäden. Lassen Sie sich nicht erzählen, Ihre Kinder müßten wahrnehmen oder atmen lernen, Verspannungen oder Blockaden auflösen.

Therapien von Körper, Geist und Seele gehören nicht in die Schule. Lassen Sie Ihr Kind nicht in Trance oder Hypnose versetzen. Halten Sie Ihr Kind fern von Stille-, Entspannungs-, Körper-, Atem-, Wahrnehmungs- und Massageübungen. Sagen Sie Ihrem Kind, es soll den Klassenraum verlassen, wenn es heißt:

- Mache es dir bequem
- Schließe die Augen
- Achte auf deinen Atem
- Vergiß alle Sorgen
- Laß alles los
- Du bist ganz entspannt, ganz gelöst
- Laß innere Bilder kommen
- Konzentriere dich auf einen Punkt

Alternative Wege

- Male ein Mandala (aus)
- Starre in eine Kerzenflamme
- Sprich zur Kerze, wünsch dir was
- Stell dir vor:
  Woanders zu sein als du bist oder etwas anderes zu sein
- Balanciere auf Linien
- Lerne mit geschlossenen Augen wahrnehmen
- Male Achten in die Luft
- Nehme eine Yoga - Haltung ein
- Massiert euch gegenseitig

Es ist zu vermuten, daß Tausende von Kindern aufgrund von „Stilleübungen" und „Fantasiereisen" schwere körperliche (z. B. Tinnitus) und seelische Schäden (Ängste, Alpträume, Verwirrtheit, Unruhe, Unfrieden, Selbstmordgedanken) davon getragen haben. Schlimmer noch ist die Einsicht, daß okkulte Schäden und Belastungen weder durch Ärzte, noch durch Psychotherapien oder andere okkulte Praktiken (wie z. B. Tai Chi, Qi Gong, Autogenes Training, Meditation, Yoga) behoben werden können. Okkulte Schäden und Belastungen können einzig und allein durch kompetente, mit dem Heiligen Geist erfüllte Seelsorger behoben werden, die es in Deutschland allerdings kaum gibt.

Vorbeugung ist also besser als Heilung: Auch deshalb müssen unsere Schulen und Kindergärten okkultfreie Zonen sein und bleiben.

5.3 Alternative Wege

„Stilleübungen" und „Fantasiereisen" werden mit der Unruhe und Unkonzentriertheit unserer Kinder begründet. Der einfachste Weg würde freilich darin bestehen, die Ursachen dieser Entwicklung zu diskutieren und zu beseitigen. Dazu gehören unter anderem

- die ständige Leistungssteigerung und Überforderung der Kinder - durch zu viele (und meist unnütze) Schulstunden, Fächer, Themen, Stoffe, (Haus-) Aufgaben, Tests, Klassenarbeiten
- der Zerfall der Moral und der Familien (Überforderung der Alleinerziehenden)

Alternative Wege

- der fast völlige Verzicht auf eine moralische Erziehung der Schüler und der Lehrer
- das Fehlen einer kollektiven Gesangs- und Tanzkultur in deutschen Schulen (wie sie z. B. in afrikanischen Schulen üblich ist)
- die Abkehr von christlichen Werten und Tugenden sowie
- von den christlichen Praktiken des Gebetes und dem intensiven Studium des Wortes Gottes

Anmerkung:
Mein Sohn ist jetzt auf einer christlichen Schule. Dort beginnt der Schultag mit Singen und Beten. Die Kinder sind dort wesentlich ruhiger und konzentrierter - ohne (okkulte) Stilleübungen und Fantasiereisen!

Erlebnisberichte

6

6. Anhang

6.1 Erlebnisberichte

Ramona
Anmerkung: Schüler bekannt, Name geändert
Beim Mittagstisch unterhalten wir uns mit Ramona über die Schule. Eher zufällig kommen wir auf das Thema „Traumreisen". Ramona wird hellwach und platzt heraus:

> *Du wirst es nicht glauben. Einmal bei einer* **TRAUMREI-SE** *war ich wirklich woanders. Ich schwöre. Ich war auf einem Markt im Orient. Ich sah Licht und Schatten. Ich hörte Stimmengewirr. Ich konnte Gerüche wahrnehmen. Ich war wirlich dort!*

Etwas später berichtete sie, von schlimmen **TINNITUS-BESCHWERDEN**. Sie hört ständig Geräusche im Ohr. Es ist zum Verzweifeln. Sie kann kaum schlafen. Die (vielen) Ohrenärzte wußten keinen Rat und konnten nicht helfen.

Berufsschullehrer
Ein Berufsschullehrer berichtet über okkulte und fernöstliche Praktiken an seiner Schule:
(Name und Adresse sind dem Autor bekannt)

> *Als Lehrer an berufsbildenden Schulen habe ich im Allgemeinen keinen direkten Einblick in das, was Kollegen im Unterricht tun, auch Klassenbücher weisen das nicht immer eindeutig aus. Andererseits können Schüleraussagen durchaus einen Einblick geben in das, was in Unterrichtsstunden wirklich geschieht. In einer Sozial - Assistentenklasse hörte ich zu, wie sich zu Anfang meines*

Erlebnisberichte

*Unterrichts Schüler über das Thema **TRAUMREISE** unterhielten und darüber austauschten, welche Erlebnisse sie dabei hatten. Gelegentlich kamen zu mir zwei Schülerinnen des o.g. Ausbildungsganges, die sich beschwerten, daß sie bei ihrem Lehrer (in einem Berufsfach) **AUTOGENES TRAINING** mitmachen sollten. Sie verweigerten offensichtlich die Teilnahme und mußten stattdessen irgendwelche nebensächlichen Tätigkeiten verrichten. Sie redeten auch von der **CHAKREN** - Lehre, worauf ich sagte, sie sollten lieber die Finger davon lassen. Nachzuholen wäre noch, daß diese Schülerinnen gläubig waren.*

*Daß esoterische (also okkulte) Lehre in Unterricht tatsächlich einfließt und entsprechende Mittel verwendet werden, mußte ich feststellen, als eines Tages ein **MANDALA** - Büchlein in einem Kopierraum unvermittelt vor mir lag; ich war augenblicklich geneigt - ich hatte ja so etwas noch nicht gesehen -, die Kollegin um eine Ausleihe zu bitten, aber ich unterließ dies, da sie das Büchlein offensichtlich für den Unterricht verwendete.*

Eine Mutter berichtet
(Name und Adresse sind dem Autor bekannt)

*Das **MANDALAMALEN** begann bei meiner Tochter gegen Ende der ersten Klasse im katholischen Religionsunterricht. Zwischen der Durchnahme biblischer Geschichten wurden Mandalas gemalt, insgesamt zehn Mandalas. Die Kinder durften sich die Mandalas aussuchen. Dazu wurden die Mandalas in einen Kreis um die Kerze ausgelegt. Die Mandalas wurden von den Kindern ausgemalt, falls sie nicht fertig wurden, durften sie zu Hause als Haus- bzw. Fleißarbeit fertiggestellt werden. Im Religionsunterricht wurden die Mandalas manchmal mit den normalen Bildern im Klassenzimmer aufgehängt. Während des Mandalamalens herrschte Ruhe im Klassenraum. Oft wurde zum Mandamalen Musik gehört von einem Kassettenrekorder. Im Religionsunterricht wurden außerdem um eine **KERZE IN DER MITTE** des Klassenzimmers Stuhlkreise gebildet. Dabei wurden um die Ker-*

Erlebnisberichte

*ze farbige Tücher ausgelegt. Falls die Kinder Mandalas fertig gemalt hatten, durften sie die Mandalas in Kerzennähe auf die Tücher legen. Während des Stuhlkreises um die **KERZE** wurde gemeinsam zu Jesus gebetet, biblische Geschichten bzw. christliche Kindergeschichten gelesen und christliche Kinderlieder gesungen, die uns aus der baptistischen Kinderarbeit bekannt sind.*

Beim Gespräch mit Christen aus verschiedenen Gemeinden über Mandalas habe ich festgestellt, daß Mandalas bei einigen bekannt sind bzw. daß Mandalas zur Beruhigung von Schülern verwendet werden. Dennoch wurde den Mandalas keine Gefahr beigemessen, solange keine aktive Meditation durchgeführt wird. Von anderen Christen insbesondere verschiedenen Gemeindepastoren wurde von einer Gefahr des Mandalamalens im Bezug auf die zukünftige persönliche Entwicklung ausgegangen. Andere Christen reagieren empört, daß derartige Dinge von der Kirche unterstützt werden.

Eine Schülerin berichtet
(Name und Adresse sind dem Autor bekannt)

*Ich ...bin 15 Jahre alt, gehe in die neunte Klasse und bin Christ. ; ... ; Das aktuelle Problem ist der Einfluß okkulter Mächte. Angefangen hat es, denke ich, in der vierten Klasse an der Grundschule (Landkreis Hildesheim). Dort gab es zu der Zeit eine Arbeitsgemeinschaft, in der (wöchentlich einmal eine Stunde) **FANTASIEREISEN** angeboten wurden. Ich nahm an dieser AG unbewußt zu meinem Vorteil nicht Teil. Trotzdem geriet ich einmal mit in eine solche Stunde hinein und machte eine dieser Reisen mit (Die anderen Kinder baten die zuständige Lehrerin darum). Wenn ich mich richtig erinnere, fingen seit ungefähr diesem Zeitpunkt die **TINNITUS - BESCHWERDEN** bei mir an. Ich hörte auch irgendwann, daß ein Großteil der deutschen Bevölkerung diese Krankheit habe und daß sie unheilbar sei. So ordnete ich mich darunter ein und machte mir keine Gedanken darüber. Zusätzlich meldeten sich **UNANGENEHME TRÄUME** an. Ich träumte schon in der ersten Klasse, zu fliegen, doch auch diese Träume veränderten sich. Dazu später. Ich bekam merkwürdige Träume, in denen ich in meinem*

Erlebnisberichte

*Bett lag. Enorme Kontraste waren der Inhalt dieser Träume. Zum Beispiel faßte ich mit unwahrscheinlich kleinen Händen meine viel zu riesige Bettdecke an. Oder zwei Personen stritten sich um eine Bettdecke auch mit viel zu kleinen Händen. Die Kontraste schienen auf meinen Körper überzuspringen, mein ganzer Körper schien aus Kontrasten zu bestehen und nicht zusammenzupassen. Manchmal **FÜHLTE ICH EINZELNE KÖRPERTEILE NICHT MEHR** und mußte mich bewegen, um sie mir wieder ins Bewußtsein zu holen. Genau dieses Phänomen habe ich in jeder Predigt. Auch letzten Sonntag! Dann fühle ich mich, als ob ich **ÜBERHAUPT KEINEN KÖRPER HABE**. Den Prediger sehe ich undeutlich, alles um den Prediger ist dann verschwommen.*

Wenn in den Kontrastträumen die Kontraste aufeinanderstoßen, entstehen unerträgliche Spannungen, das Bild im Traum ist dann mit einem unangenehmen, kalten, grellen Blau überzogen.

Nun zu den Träumen, in denen ich fliege. Seit den letzten zwei (?) Jahren fliehe ich vor jemandem, wenn ich fliege. Meist verfange ich mich in überirdisch gespannten Stromleitungen und werde von abstoßenden Menschen, Außerirdischen oder Ähnlichem gefangen. Einmal (vor ein bis zwei Monaten) sollte mich ein guter Bekannter (Christ) zu 15% (?) verbrennen. Doch derjenige entschloß sich, mit mir zu fliehen.
*Andere Träume sind diese, in denen ich von **DÄMONEN** träume, denen ich gebiete. Erst weigern sie sich, dann jedoch weichen sie entweder aus Personen oder Räumen (mein Zimmer). In einem solchen Traum griff mich ein Dämon an, er wollte entweder Besitz von mir ergreifen oder mich töten. ; ... ;*

Ich nahm, wie in ähnlichen Träumen, die Gesichtszüge und den Rest des Körpers des Dämons wahr. Aus diesem Traum erwachte ich um ca zwei Uhr morgens mit unererklärlicher Angst. Die Atmosphäre im Zimmer war erdrückend, ich traute mich zuerst nicht, zu beten. Nachdem ich diese Angst überwunden und gebetet hatte, konnte ich

Erlebnisberichte

wieder schlafen.

Dann gibt es noch die sog. unreinen Träume. Der widerlichste war erst vor ungefähr zwei Wochen. Ich möchte die Träume gern mit den Worten umschreiben: Es ist zum Davonlaufen! Ich weiß nicht, ob es von diesen Träumen kommt oder ob da überhaupt ein Zusammenhang besteht. Aber seit diesen Träumen (ein Jahr?) plagen mich genauso unreine Gedanken. ; ... ;

In der achten Klasse verlangte unsere Religionslehrerin, daß wir unsere Augen schließen und an irgendetwas Schönes (?) oder auch an gar nichts denken sollten, um zur Ruhe zu kommen. Wenn sie nicht schaute, ob wir es auch wirklich taten, ließ ich meine Augen bewußt und trotzig offen. Dann schloß ich sie schnell falls sie schaute, um sie kurz später doch wieder zu öffnen.

Das Aktuellste auf diesem Gebiet ist ein Zettel aus der GK - Stunde:
STELL DIR VOR, *du wärst eine Blume, dann wärst du ...(z. B. eine Rose, ein Haus, ein Geschmack, eine Reise, ein Wunsch, ein Traum; etwas, worauf man stolz sein kann ...) vom Verlag an der Ruhr! Den bekamen wir gestern, am 12.05.97. Als der Lehrer bemerkt hatte, daß ich diesen Zettel nicht mit ausfüllte, wurden seine sonst so freundlichen Augen für einen kurzen Moment faßt unmerklich etwas enger. Zum Schluß des Ausfüllens meinte er allgemein, dies sei nicht, um ein psychologisches Profil zu erstellen. Wer's glaubt. Weiter werden noch persönlichere Dinge kommen, die aber nicht ausgewertet werden sollen. Damit wolle er einen neuen Weg versuchen.*

Wozu wollte er, daß ich mitmache? Kommt er denn nicht zu seinem Idealziel, wenn jemand, der vielleicht sogar noch ein Christ ist, nicht mitmacht oder auch nur anwesend ist? ...

Ausbildungsstätten und -kurse

6.2 Ausbildungsstätten und -kurse

Programm

Niedersächsisches Landesinstitut
für Fortbildung und Weiterbildung im
Schulwesen und Medienpädagogik (NLI)

97.22.29 _____ GS SO _____ 2.14

Zeit für Ruhe - Zeit für Stille
(Veranstalter: Religionspädagogisches Institut Loccum)

In der Betriebsamkeit, die sowohl den Alltag von Lehrerinnen und Lehrern als auch den Alltag von Kindern kennzeichnet, sind Zeiten der Ruhe, Zeiten der Besinnung und Orientierung unverzichtbar. In der gedanklichen Stille finden wir Sammlung, finden wir erneut unser Selbstbewußtsein, unser inneres Gleichgewicht und innere Stärke. Kinder an Sonderschulen mit ihren vielfach belasteten Lebensbedingungen fehlen solche Zeiten in besonderer Weise. Aber auch Lehrerinnen und Lehrer bedürfen in gleicher Weise der Erfahrung von Ruhe und Stille.
Im Kurs sollen Wege gesucht werden, die in einer erfüllten Stille führen: Sinnes- und Körperübungen, Phantasiereisen und Verarbeitung der gemachten Erfahrung durch kreatives Tun. Dabei geht es nicht zuletzt darum, die Stille-Erfahrungen auf ihre Umsetzbarkeit für die eigene religionspädagogische Praxis zu überprüfen und weiterzuentwickeln.

Teilnehmerkreis:
Lehrerinnen und Lehrer, Katechetinnen und Katecheten, die evangelischen Religionsunterricht an Sonderschulen und in Integrationsklassen erteilen.

Tagungsort: Loccum RPI
(Die Unterbringung erfolgt - soweit möglich - in Einzelzimmern.)

Zeitraum 28. bis 30.05. 97
Kursleitung: Peter, Dietmar, Dozent

Ausbildungsstätten und -kurse

96.47.32 _____ GS SO _____ 2.14

Mit Kindern in der Grundschule Ruhe erfahren und Stille entdecken.
(Veranstalter: Religionspädagogisches Institut Loccum)

In der Betriebsamkeit, die auch den kindlichen Alltag oft kennzeichnet, benötigen Kinder Phasen der Ruhe und des Zusichfindens. In der Stille können sie zu Selbstbewußtsein und Konzentration gelangen und ihr inneres Gleichgewicht finden.
Es geht nicht darum, Kinder durch Tricks ruhigzustellen, damit sie noch leistungsfähiger werden. Wir wollen Wege suchen, die in eine erfüllte Stille führen: Sinnes- und Körperübungen, Phantasiereisen, meditative Tänze und Verarbeitung der gemachten Erfahrungen in kreativen Tun.

Teilnehmerkreis:
Alle, die im Primarbereich evangelischen Religionsunterricht erteilen, vorrangig Unterrichtende an Grundschulen

Tagungsort: Loccum RPI
Zeitraum: 18. bis 20.11. 96
Kursleitung: Büggemann, Inge
Kuhl, Lena, Dozentin (Kursleiterin)

97.15.27 _____ GS SO _____ 2.14

Die Stille entdecken – Leben lernen: Stille-Übungen mit Kindern
(Veranstalter: Bischöfliches Generalvikariat Osnabrück)

Angesichts von Konzentrationsstörungen, Unruhe und Streßverhalten schon bei Kindern im ersten Schulalter gibt der Kurs Anregung zum Stillwerden:
In einem ganzheitlich-erfahrungsbezogenen Ansatz geht es darum, verschiedene Arten von Stille-Übungen im Kontext religionspädagogischen Arbeitens kennenzulernen und praktisch zu erproben. Erfahrungszeiträume sollen erschlossen, kreative Möglichkeiten von Stille freigelegt und für den unterrichtlichen Umgang mit „lauten" und auffälligen Kindern fruchtbar gemacht werden. Das Seminar bietet Orientierung- und Arbeitshilfen, die das Einüben von (Selbst/-) Wahrnehmung sowie einfache Meditationsübungen einschließen. Beispiele aus der Unterrichtspraxis sind willkommen.

Teilnehmerkreis:
Katholische Religionslehrerinnen und Religionslehrer an Grundschulen, Sonderschulen und Orientierungsstufen.

Tagungsort: Lingen
(Die Unterbringung erfolgt - soweit möglich - in Einzelzimmern.)

Zeitraum: 07. bis 11.04.97

Kursleitung: Maschwitz, Gertrud
Mehring, Dr. Ludger (Kursleiter)

Ausbildungsstätten und -kurse

FÜR BERUFSBILDENDE SCHULEN

97.39.35 _____ BS _____ 3.13

"Neue Methoden" – **Soziale Kompetenz im handlungsorientierten Unterricht**

Ganzheitlich-handlungsorientierter Unterricht erfordert neben Fach- und Methodenkompetenz auch angemessenes Sozialverhalten. In diesem Workshop - Kurs sollen ausgewählte Verhaltensweisen, wie Kooperations- und Teamfähigkeit, sowie Konfliktvermeidungs- und Bewältigungsstrategien erprobt und anhand von Beispielsituationen aus dem Schulalltag (Konferenzen, Unterricht, Einzelgespräche) trainiert werden. Sie tragen insgesamt zu einer Verbesserung der eigenen sozialen Kompetenz bei.

- Selbst- und Fremdwahrnehmung
- nonverbales Kommunikationsverhalten
- Gesprächsverhalten
- Entspannung und Aktivierung

Teilnehmerkreis:
Lehrkräfte an berufsbildenden Schulen

Tagungsort: Ohrbeck
Die Unterbringung erfolgt - soweit möglich - in Einzelzimmern.)

Zeitraum: 22. bis 26.09. 97

FERIENKURS

Kursleitung: Hohmann, Sylvie, Studienrätin
Steps, Manfred, Studienrat
Steuer-Wittig, Edelgard, Studienrätin
Voß, Peter, Oberstudiendirektor (Kursleiter)

Ausbildungsstätten und -kurse

97.07.27 _____ BS _____ 3.13

„Neue Methoden" im Unterricht der Berufsschule

- Lernatmosphäre
- Moderations- und Visualisierungstechniken
- Methodenvielfalt
- Entspannung und Aktivierung

Teilnehmerkreis:
Lehrkräfte an berufsbildenden Schulen, die in Grund- und Fachstufen der Berufsschule unterrichten

Tagungsort: Wolfenbüttel
(Die Unterbringung erfolgt - soweit möglich - in Einzelzimmern.)

Zeitraum: 10. bis 14.02.97

Kursleitung: Hohmann, Sylvie
Niggemann, Klaus
Voß, Peter (Kursleiter)

97.07.27 _____ BS _____ 3.13

Stille- und Meditationsübungen für den Religionsunterricht
(Veranstalter: Amt für Religionspädagogik Braunschweig)

Dieser Kurs wendet sich an Teilnehmerinnen und Teilnehmer, die Erfahrungen mit der Thematik sammeln möchten und neben dem praktischen Tun auch die Fragen nach dem Stellenwert in der christlichen Religion stellen.
Dazu sollen
- eigene Vorerfahrungen thematisiert
- unterschiedliche Meditations- und Stilleübungen erlernt
- die Erfahrungs- und Gestaltungsmöglichkeiten für den Unterricht konkretisiert sowie
- inhaltliche Grenzsetzungen reflektiert werden

Teilnehmerkreis:
Lehrerinnen und Lehrer, die an Grund- und Sonderschulen evangelischen Religionsunterricht erteilen oder erteilen möchten.

Tagungsort: Steterburg
(Die Unterbringung erfolgt - soweit möglich - in Einzelzimmern.)

Zeitraum: 24. bis 28.02.97

Kursleitung: Revermann, Paul, Pastor
Sanmann, Hans-Günter, Fachseminarleiter
(Kursleiter)

Ausbildungsstätten und -kurse

Niedersächsisches Landesinstitut für Fortbildung und Weiterbildung im Schulwesen und Medienpädagogik (NLI)

Arbeitsplan

Lehrerfortbildungskurs Nr. 97.39.35

Thema: „Neue Methoden" - Soziale Kompetenz im handlungsorientierten Unterricht

Ort:	Ohrbeck
Zeitraum:	22. bis 26. September 1997
Kursleitung:	Sylvie Hohmann, Hildesheim
	Manfred Steps, Helmstedt
	Edelgard Steuer-Wittig, Hildesheim
	Peter Voß, Hildesheim

Liebe Kolleginnen und Kollegen!

Wir freuen uns darauf, Sie kennenzulernen und mit Ihnen zusammen unseren Workshops-Kurs zu gestalten.

Im Rahmen dieses Lehrerfortbildungskurses werden Sie einige Entspannungs- und Aktivierungsmethoden kennenlernen, die für Ihre Arbeit in der Schule, aber auch für Sie selbst hilfreich sein können. Für die Erprobung dieser Übungen empfehlen wir Ihnen bequeme Kleidung.

Wir laden Sie ein an unserem Wellness-Programm teilzunehmen.
Am Montag Abend sind Sie Gast einer Vernissage. Wir freuen uns, wenn Sie zu dieser Gelegenheit angemessen, wie in Künstlerkreisen üblich gekleidet kommen. Morgens, vor den Frühstück, können Sie Tei Chi Chuan kennenlernen. Am Mittwoch Nachmittag besteht die Möglichkeit Osnabrück zu besichtigen. Für Donnerstag ist ein „Bunter Abend" vorgesehen, den wir zusammen planen wollen.

Wir wünschen Ihnen eine gute Anreise. Bei Rückfragen wenden Sie sich bitte an das Kursleitungsmitglied Peter Voß, Bergmannsweg 18, D-31199 Diekholzen,
Tel: (05121) 263162

Montag:	11 Uhr	Begrüßung, Unterbringung, Einführung in die Thematik
97-09-22		Warming up: Wahrnehmungsübung „Ankommen"
	14 Uhr	Gruppenarbeit „Schattenkabinett"
		„Sozialkompetenz ist für mich..."
		Blitzlicht
	abends	Vernissage
		weiter, siehe nächste Seite

Ausbildungsstätten und -kurse

Seite 2 zum Arbeitsplan für den Lehrerfortbildungskurs 97. 39. 35

Dienstag: 9709-23	vormittags	Warming up: „Dynamische Meditation" Wahrnehmunsübung „Spiegeln" Ausdruck und Körpersprache (nonverbale Rollenspiele zu Schul- und Unerrichtsituation)
	nachmittags	Warming up: Wahrnehmungsübung „Verschmelzen" Gesprächsverhalten in schulischen Einzel- und Gruppensituationen Entspannungsübung „Kreiseln"
	abends	Entspannungs, Aktivierungs- und Wahrnehmungsübungen
Mittwoch: 97-09-24	vormittags	Warming up: Wahrnehmungsübung „Leiten" Impulsreverat „Themenzentrierte Interaktion (TZI)" Gruppenarbeit zum Thema „Verhalten in Konferenzen" mit Hilfe der TZI Blitzlicht
	nachmittags	Besuch in Osnabrück
	abends	Freiarbeit
Donnerstag: 97-09-25	vormittags	Warming up: „Aktivierungsübung" Reise durch die Jahreszeiten" Gruppenarbeit zum Umgang mit schulischen Konfliktsituationen Entspannungsübungen „Natur"
	nachmittags	Warming up: Wahrnehmungsübung „Herzchakra" Selbstorganisierte Supervision in Gruppen
	abends	"Bunter Abend"
Freitag: 97-09-26	vormittags	Selbstorganisierte Supervision in Gruppen Back home (Kursevaluation)

Glossar

6.3 Glossar

Affirmationen / Suggestionen:
... sind magische Beschwörungsformeln, die Ziele und Wünsche ausdrücken und formelhaft ständig wiederholt werden sollen. Angeblich programmieren sie das Un(ter)bewußte; in Wirklichkeit sind sie eine Form der Kommunikation mit unsichtbaren geistigen Welten und Mächten.

Außerkörperliche Erfahrungen (AKE):
Traum- / Fantasiereisen sind Anleitungen zu außerkörperlichen Reisen und Erfahrungen. Anzeichen außerkörperlicher Zustände sind u.a.:

- Kribbeln und Taubwerden in den Händen
- Der Körper wird wie tot, gefühl- und bewegungslos
- Man wird leicht und beginnt zu schweben
- Man hat das Gefühl, man wird aus dem Körper und bei Schrecksituationen in den Körper gezogen
- Man sieht sich bzw. den eigenen Körper meist von oben
- Man fällt durch das Bett, schwebt durch Wände und Decken
- Man weiß sich definitiv an einem anderen Ort
- Die Wahrnehmung wird intensiviert und erweitert

Atemübungen:
...werden seit Jahrhunderten insbesondere in den Religionen des Fernen Ostens, in den Konzepten der fernöstlichen Meditation, der Magie und des Yoga als Mittel der Bewußtseinstransformation und Trance - Induktion empfohlen, um sich für die andere, unsichtbare Welt zu öffnen.

Autogenes Training (AT):
...ist eine Form der Selbsthypnose und Trance - Induktion. Das AT hat sich aus der Hypnose entwickelt und kommt letztlich aus den fernöstlichen Religionen und Meditationstechniken.

Chakren / Chakrenlehre:
Chakren sind bestimmte Punkte am / im Körper (Scheitel, Stirn, Hals, Bauch / Nabel ...), die in fernöstlichen Lehren sog. Energiezentren darstellen. In der Meditation soll man sich auf Chakren konzentrieren, um Lebensenergie aufzunehmen. Es gibt jedoch keine Lebensenergie. Chakren sind in Mandalas eingearbeitet, um Kinder an fernöstliche Irrleh-

Glossar

ren und Meditationstechniken heranzuführen.

Drittes Auge - Augenpositionen:
Das Dritte Auge ist das geistige (spirituelle, Hexen-) Auge, „das Auge zur geistigen Welt". Es liegt zwischen den Augenbrauen an der Nasenwurzel. Die Konzentration auf das Dritte Auge ist eine indische Yogaübung, die der Vereinigung mit „Gott" dient. Sie wird bereits in der Bhagavad - Gita, der „Bibel" der Hindus und der Hare - Krishna - Sekte, empfohlen. Gegenwärtig wird die Meditation auf das Dritte Auge von der Sekte „Wissenschaft der Spiritualität" weltweit verbreitet. Sie findet sich in vielen Stilleübungen sowie in Lehrtechniken des NLP. Dabei werden die Kinder aufgefordert, bestimmte Augenstellungen (Nasenwurzel, Nasenspitze, rechts/ links, oben/ unten) einzunehmen. Damit werden Trancezustände und Visualisierungen aktiviert.

Entspannungsübungen /-techniken:
Entspannung von Körper, Geist und Seele ist ein Mittel der Bewußtseinstransformation und Trance - Induktion. Jede Form der Bewußtseinstransformation und Trance - Induktion öffnet - früher oder später - die Türen zu unsichtbaren Welten und Mächten.

Halbfass:
Der Religionspädagoge Halbfass ist einer der Väter der „Stilleübungen". Für ihn sind diese eine religiöse Praktik, die zur Mitte, zu „Gott" führen sollen. Nach seiner Auffassung sollen die Kinder „den Sprung in den Brunnen", in „die Tiefe des Brunnens" wagen (!?). Halbfass hat auch über das Dritte Auge, das Hexen - Auge, geschrieben. Warum sich Bezirksregierung und Schulverwaltung in Hannover ausgerechnet auf ihn beruft, bleibt (vorläufig) deren Geheimnis.

Höheres / Wahres Selbst:
Vielfach sollen Stilleübungen Kontakte zum Höheren oder Wahren Selbst herstellen. Das Höhere oder Wahre Selbst ist ein Grundbegriff fernöstlicher und esoterischer (Irr-) Lehren. In letzter Zeit wird diese Lehre insbesondere von Sh. Mc Laine weltweit verbreitet. Das Höhere/ Wahre Selbst soll angeblich durch Meditation, Yoga und Trance erschlossen werden. In Wahrheit öffnen Meditation, Yoga und Trance immer nur eine Tür: die Tür zum Reich der Finsternis, zum Reich der „Götter", Geister und Dämonen. Die Bibel hat dagegen zum Ziel, daß wir uns mit Jesus Christus verbinden und den Heiligen Geist in uns aufnehmen.

Glossar

Innenwelt (innere Welten):
Stilleübungen öffnen angeblich Türen zur „Innenwelt". Dies ist eine Lüge. Alle tranceinduzierenden Techniken wie Entspannung, Punkt - Konzentration, Atemregulierung, Visualisierung, Suggestion usw. öffnen nur eine Tür: die Tür zu unsichtbaren geistigen Welten und dämonischen Mächten.

Jung, C. G.:
Stilleübungen berufen sich in der Regel auf ihn, den Begründer der okkulten Psychologie. Jung stammt aus einem spiritistischen Elternhaus; er benutzte Mandalas zu Jenseitserfahrungen und kommunizierte mit drei Geistwesen. Es ist anzunehmen, daß seine Lehren vom kollektiven Unterbewußten und den sog. Archetypen aus dem Jenseits „gechannelt" wurden und insofern dämonische Irrlehren sind (1 Tim 4/1).

Kerzenlicht:
...und -flammen haben auch einen magischen und okkulten Charakter. Durch Konzentration auf das Kerzenlicht werden meditative bzw. tranceartige Bewußtseinszustände eingeleitet. Kerzenlicht dient den Schamanen zur Einleitung außerkörperlicher Reisen und der Kontaktaufnahme mit Geistern. Die schweigende, andächtige Verehrung eines Kerzenlichtes ist Götzendienst und Gotteslästerung.

KIM - Spiele:
Eine Reihe von Gegenständen wird abgedeckt und kurz aufgedeckt; die Kinder sollen möglichst viele Gegenstände nennen. KIM - Spiele usw. dienen der Entwicklung übernatürlicher bzw. außersinnlicher Fähigkeiten, die in der Regel auf das Wirken unsichtbarer Wesen und Mächte hinweisen.

Konzentration - Zentrierung:
Fernöstliche Meditation und „Stilleübungen" bezwecken die Konzentration des Bewußtseins auf einen Punkt. Dies ist eine Technik der Bewußtseinstransformation und Trance - Induktion, die die Tür zu unsichtbaren, geistigen Welten und Mächten öffnen soll. Die Konzentration auf *einen* Punkt ist nicht zu verwechseln mit der Konzentration auf eine Sache.

Lebensenergie:
Vielfach sollen Stilleübungen unsere Kinder in Kontakt mit der Lebensenergie des Universums bringen. Der Begriff der Lebensenergie

Glossar

stammt aus fernöstlichen und esoterischen (Irr-) Lehren. In naturwissenschaftlicher und biblischer Sicht gibt es keine Lebensenergie. Es gibt nur physikalische und biologische sowie göttliche und dämonische Kräfte und Energien bzw. Energiequellen.

Mandalas:
Kreisbilder mit einem konzentrischen Aufbau. Sie sind sowohl Mittel der Bewußtseinstransformation und Trance - Induktion durch Konzentration bzw. Zentrierung des Bewußtseins auf einen Punkt als auch Visualisierungshilfen für die Einleitung außerkörperlicher Reisen. Zu diesem Zweck werden sie seit Jahrhunderten von indischen Yogis und indianischen Schamanen benutzt. In Europa wurden sie von C. G. Jung eingeführt, der sie als Mittel der Jenseitserfahrung und des Kontaktes mit Geistwesen nutzte. Das (Aus-) Malen von Mandalas wird von Esoterikern und von Sekten propagiert und praktiziert.

Massageübungen:
In tranceinduzierten Kontexten sollen sie helfen, Kräfte und „Energien" aufzunehmen und weiterzugeben. Auch vor diesen Praktiken ist dringend zu warnen. Man kann nie wissen, welche Kräfte und Energien - göttliche oder nichtgöttliche - aufgenommen oder weitergegeben werden. In Entspannungs- oder Trancezuständen werden stets negative Kräfte und Energien weitergegeben. Auch die Bibel kennt Beispiele des Transfers positiver Kräfte des Heiligen Geistes durch bloße Berührung (vgl. Lk 8/46), und sie warnt vor leichtfertigen Körperberührungen (1 Tim 5/22).

Meditation:
Es gibt zwei gegensätzliche Formen der Meditation: Die fernöstliche und die biblische. Die fernöstliche soll den Geist leermachen, auf einen Punkt konzentrieren; die biblische soll den Geist mit Gottes Wort füllen. Die biblische Meditation verbindet mit Gott; antibiblische Formen der Meditation verbinden mit „Göttern", Geistern und Dämonen.

Mitte - zur Mitte finden:
„Zur Mitte kommen" ist die meistgebrauchte Formulierung der „Stilleübungen". „Zur Mitte kommen" heißt, das Bewußtsein auf einen Punkt (kon-)zentrieren, fokussieren, fixieren, einengen. Jede Punkt - Konzentration ist fernöstliche Meditation und dient seit jeher der „Vereinigung mit dem Göttlichen".

Glossar

NLP:
Neurolinguistisches Programmieren ist eine moderne Psychotechnik. NLP zielt auf Trance - Induktion und Rapport (synchrones Verhalten), um angeblich innere Kräfte und Ressourcen zu aktivieren. In Wirklichkeit öffnet Trance immer eine Tür zu unsichtbaren Welten und Mächten.

OM:
Die Silbe „OM" steht für Krishna, einer von vielen indischen Gottheiten. Werden die Kinder aufgefordert, „OM" zu chanten, so rufen sie eine indische Gottheit an.

Rasseln, Trommeln:
Rasseln (in Form von Regenstäben) und Trommeln finden zunehmend Eingang in den Schulunterricht. Sie dienen insbesondere Schamanen und Voodo - Priestern als Mittel der Trance - Induktion (siehe unter Trance), die Besessenheitszustände (Inbesitznahme durch Geister) herbeiführen sollen.

Regenstäbe:
Stäbe, die beim Bewegen regenartige Geräusche erzeugen. Nach Aussage des Vertreibers haben sie eine „tranceartige Wirkung" wie schamanische Rasseln. Inzwischen werden Regenstäbe von vielen Lehrern im Unterricht benutzt. Es ist zu befürchten, daß in naher Zukunft nicht nur tranceinduzierende Rasseln / Regenstäbe sondern auch schamanische Trommeln im Unterricht zur Trance - Induktion eingesetzt werden. Entsprechende Lehrerzentren gibt es z. B. schon in Hannover.

Setting:
Eine Reihe von Bedingungen, die eine bestimmte Wirkung (z.B. Trance) hervorbringen sollen.

Stilleübungen:
„Stille", die Ausschaltung aller Sinneswahrnehmungen und Gedankentätigkeit, ist eine jahrhundertealte religiöse Praktik, die auf „Gotteserfahrung" zielt. Stilleübungen öffnen die Tür zu unsichtbaren geistigen Welten und Mächten aber nicht zu „inneren Welten", zur „Innenwelt" oder zum „Unterbewußtsein".

Stuhlkreise:
Der Kreis ist ein magisches Symbol. Das Symbol der Bibel ist das Kreuz,

Glossar

an dem Jesus unsere Schuld auf sich genommen hat. Stuhlkreise erinnern an magische Rituale (der Hexerei und der Geheimbünde); insbesondere, wenn in der Mitte ein brennendes Kerzenlicht schweigend verehrt wird.

Suggestionen - Affirmationen:
Jede Form der Kommunikation, die sich nicht an andere Menschen (und/ oder an Gott) richtet, stellt Kontakte zu unsichtbaren geistigen Welten und Mächten her: Mantren, Beschwörungsformeln, Suggestionen, Affirmationen, das Ansprechen von toten Gegenständen wie Steinen, Kerzen usw.

Trance:
...ist ein veränderter Bewußtseinszustand. Trance - Induktion und Trancezustände sind der Dreh- und Angelpunkt aller „Stilleübungen" und „Fantasiereisen" in Schulen und Kindergärten. Trancezustände öffnen immer die Tür zu unsichtbaren geistigen Welten und Mächten. Trancezustände können z. B. durch direkte oder indirekte verbale Suggestionen, Entspannung, meditative Musik, Konzentrations-, Wahrnehmungs-, Atem- und Visualisierungsübungen induziert werden. Gleichgültig, ob dies vom Autor gesagt oder intendiert wird.

Traum- / Fantasiereisen:
Sie sind in Wirklichkeit Anleitungen zur außerkörperlichen Seelen- oder Astralreise. Kinder sollen lernen, mit dem Geist / mit der Seele ihren Körper zu verlassen. Diese magischen Praktiken waren traditionell Schamanen, indischen Yogis und Hexen vorbehalten. Meist müssen die Kinder durch eine Öffnung, eine Enge reisen, fliegen, schweben. Stets sollen sie exakt den gleichen Weg „hierher", „in die Gruppe", „in den Raum", ins „Hier und Jetzt" bzw. wahrheitsgemäß „in den Körper" zurückkehren; vor allem sollen sie langsam wieder „zu sich" kommen.

Un(ter)bewußtsein:
Stilleübungen sind psychologische und therapeutische Techniken, die die Tür zum Un(ter)bewußtsein öffnen sollen. Psychotherapien, die in tiefste Seelenbereiche des Menschen eindringen, haben in der Schule und in der Hand von Lehrern/ Erziehern nichts zu suchen. Auch in der Literatur zu den Stilleübungen werden dem Unterbewußten göttliche Qualitäten wie Allwissenheit und Allmacht zugeschrieben. Dies ist eine Lüge esoterischer und okkulter Irrlehren. Das Un(ter)bewußtsein hat keine „göttlichen" Qualitäten. In biblischer Sicht gibt es nur zwei Quel-

Glossar

len übernatürlicher Fähigkeiten und Kräfte; göttliche und dämonische Quellen. Wer den Weg über Jesus Christus wählt, erhält übernatürliche Fähigkeiten und Kräfte vom Heiligen Geist. Alle anderen Wege nutzen die Fähigkeiten und Kräfte dunkler, dämonischer Mächte.

Visualisierungen:
...und Imaginationen sind Übungen, die innere geistige Bilder, Vorstellungen und/ oder Erinnerungen (oder Filmszenen) über die Vergangenheit oder Zukunft, Wünsche und / oder andere Orte bzw. Welten hervorrufen sollen. Visualisierungen in Trance sind immer eine Form der Kommunikation und Kontaktaufnahme mit unsichtbaren geistigen Welten und Mächten. Visualisierungen sind eine geistige Form der Kommunikation und Kontaktaufnahme mit unsichtbaren geistigen Welten und Mächten: Geist kommuniziert mit Geist durch Bilder / Filmszenen; menschlicher mit außermenschlichem Geist. In spontanen Visionen und Träumen spricht Gottes Geist zum Geist seiner Auserwählten. Mit Hilfe gelenkter „Fantasien" und Visionen oder kontrollierter Träume nimmt unser Geist bewußt oder unbewußt - Kontakt mit bösen Geistern und Dämonen auf. Alle biblischen Visionen kommen von Gott; keine einzige Vision wurde von Menschen bewußt (nach eigenem Willen) herbeigeführt. Selbstinitiierte Visionen sind Sünde, und Sünde öffnet die Tür für Gottes Widersacher.

Wahrnehmungsübungen:
...wie z. B. die Intensivierung und Konzentration der Wahrnehmung auf einen Punkt sind Mittel der Bewußtseinstransformation und Tranceinduktion. Sie sollen die Einleitung außerkörperlicher Reisen und Erfahrungen fördern. Andere Übungen wie z. B. die KIM - Spiele dienen der Entwicklung der außersinnlichen Wahrnehmung (ASW - Training). Die Kinder werden aufgefordert, etwas wahrzunehmen ohne wahrzunehmen: Sehen, ohne etwas zu sehen; hören, ohne etwas zu hören (die Stille hören) usw. Damit werden die Türen zu unsichtbaren geistigen Welten und Mächten geöffnet.

Literaturverzeichnis

6.4 Literaturverzeichnis

Grundlagenliteratur

Achterberg, J.	Gedanken heilen. Reinbeck b. Hamburg 1990
Allen, Th.-B.	Besessen. München 1995
Ankerberg / Weldon	Chanelling. Asslar 1989
Ankerberg / Weldon	Hinduism in Amerika. Eugene 1991
Ankerberg / Weldon	Spirit Guides. Eugene 1988
Ankerberg / Weldon	The Occult. Eugene 1990
Bandler / Grinder	Metasprache und Psychotherapie. Die Struktur der Magie 1. 1994
Bandler /Grinder	Patterns. Paderborn 1996
Bauer / Behringer	Fliegen und Schweben. München 1997
Bauer / Dümotz / Golswin	Lexikon der Symbole. Wiesbaden 1980
Berger, K.	Michael Ende - Heilung durch magische Fantasien? Wuppertal 1988
Bernard, P.	Hypnose. München 1992
Bhagavad - Gita	Wie sie ist.(Ausgabe der Hare-Krishna-Sekte) Zürich 1993
Birker / Birker	Was ist NLP? Reinbeck b. Hamburg 1997
Blumhardt	Blumhardts Kampf. Stuttgart 1993
Bohnke, B.-A.	Esoterik. Bindlach 1996
Bongartz / Bongartz	Hypnose. Reinbeck b. Hamburg 1996
Chertok, L.	Hypnose. Frankfurt am Main 1993
Christmann, V.	Das Yoga - Buch. München 1992
Cumbey, C.	Die sanfte Verführung. Hintergrund und Gefahren der New - Age Bewegung. Asslar 1986
Cutoma, C.	Medialität, Besessenheit, Wahnsinn, Flensburg 1989
Dietrich, M.	Wir brauchen Entspannung. Gießen 1992
Eberlein, G. L.	Kleines Lexikon der Parawissenschaften. München 1995
Eberwein, W.	Abenteuer Hypnose. München 1996
Eliade, M.	Schamanismus und archaische Ekstasetechnik. Frankfurt a. Main 1975
Ferguson, M.	Die sanfte Verschwörung. München 1980
Franzen / Müller	Hypnose - Heilen in Trance. München 1996
Freeman, H. E.	Befreiung aus dem Netz des Okkultismus. Urbach 1987
Gawain, Sh.	Stell dir vor. Kreativ visualisieren. Reinbeck b. Hamburg 1996
Goleman, D.	Meditation: Wege nach innen. Weinheim und Basel 1990
Grof / Bennett	Die Welt der Psyche. Reinbeck b. Hamburg 1997
Groothuis, P.	Was tun gegen New Age? Ulm 1989

Literaturverzeichnis

Grundlagenliteratur

Harner, M.	Der Weg des Schamanen. Reinbeck 1996
Hauth, R.	Hexen, Gurus, Seelenfänger. Wuppertal und Zürich 1994
Hunt, D.	Götter, Gurus und geheimnisvolle Kräfte.
Hunt / Mc Mahon	Die Verführung der Christenheit. Bielefeld 1987
Knackstedt, U.	Supermacht der Heilsbringer. Wuppertal 1996
Knoke, M. (Don Alfredo)	Die Geheimnisse der Hypnose. Aitrang 1991
Koch, K. E.	Okkultes ABC. Aglasterhausen 1986
Koch, Kurt E.	Besessenheit und Exorzismus. Basel o. J.
Koch, Kurt E.	Seelsorge und Okkultismus. Ulm 1991
Kögler, T.	Lernen durch Entspannung? Lahr 1993
König, R.	New Age - Geheime Gehirnwäsche. Neuhausen-Stuttgart 1988
Kriese, R.	Okkultismus im Angriff. Neuhausen - Stuttgart
Kutschera / Harbauer	In Resonanz leben ...Fantasiereisen im NLP. Paderborn 1996
LeCron, L. M.	Fremdhypnose - Selbsthypnose. München 1996
Ledermann / Shambraks	Der Griff nach unseren Kindern. Asslar 1988
Lübeck, W.	Handbuch des spirituellen NLP. Aitrang 1995
Maaß / Ritschl	Fantasiereisen leicht gemacht. Paderborn 1996
Maharaj, R. R.	Der Tod eines Guru. Berneck 1996 (1977)
Mangalvadi, V.	Esoterische Kräfte. Neuhausen - Stuttgart 1988
Mc Dowell / Stewart	Dämonen, Hexen und das Okkulte. Marburg a.d. Lahn 1992
McLean, P.	Adeline und die Vierte Dimension. München 1989
Means, P.	Im Irrgarten östlicher Mystik. Neuhausen 1976
Meckelburg, E.	Wir sind alle unsterblich. München 1997
Meckelburg, E.	Psi - Agenten. München 1997
Meiser, H. Chr.	Trance. Frankfurt a. M. 1996
Mischo, J.	Okkultismus bei Jugendlichen. Mainz 1991
Montal, A.	Schamanismus. München 1985
Naegeli - Osjord, H.	Besessenheit und Exorzismus. Remagen 1983
Niebel / Hanewinkel	Gutachten über Meditationstechniken. Kiel 1997
Oertli, J.	Das schamanische Praxisbuch. München 1996
Ostrander / Schroeder	Super - Learning. Bern und München 1980
Ostrander / Schroeder	Super - Memory. München 1996
Peck, Scott, M.	Die Lügner. München 1990
Rawlings, M. S.	Zur Hölle und zurück. Hamburg 1996
Revenstorf / Zeyer	Hypnose lernen. Heidelberg 1997
Roberts, M. (Hrsg.)	Das Neue Lexikon der Esoterik. München 1995

Literaturverzeichnis

Grundlagenliteratur

Roth, G.	Das befreite Herz. München 1990
Ruppert, H. J.	Okkultismus. Wiesbaden. Wuppertal 1990
Ruppert, H. J.	Durchbruch zur Innenwelt. Spirituelle Impulse aus New Age und Esoterik in kritischer Beleuchtung. Stuttgart 1988
Scharfetter, Chr.	Der spirituelle Weg und seine Gefahren. Stuttgart 1991
Schmidt, u.a.	New Age - Die Macht von Morgen. Neuhausen-Stuttgart 1987
Schott / Birker	Selbstbewußt auftreten. Reinbeck b. Hamburg 1995
Schumann, H. W.	Buddhismus. Freiburg i. Breisgau 1985
Sheehan, E.	Selbsthypnose. Paderborn 1996
Singh, K.	The Teachings of Kirpal Singh. o. O., o. J.
Singh, R.	Heilende Meditation. Neuhausen 1996
Skambraks, U. (Hrsg.)	TOPIC Nr. 3/95
Stadelmann, H.	Das Okkulte. Gießen 1981
Stevens, P.	Entdecken Sie ihre übernatürlichen Fähigkeiten. München 1992
Tepperwein, K.	Die hohe Schule der Hypnose. Himberg b. Wien 1997
Ulrich, H. E.	Von Meister Eckhard bis Carlos Castaneda. Frankfurt a. M. 1986
Wiesendanger, H.	In Teufels Küche, Jugendokkultismus. Frankfurt am Main 1995

Stilleübungen, Fantasiereisen,
Autogenes Training und Meditation für Schulen (bzw. Kinder)

Brunner, R.	Hörst du die Stille? München 1996
Faust-Siehl u.a.	Mit Kindern Stille entdecken. Frankfurt a. M. 1995
Maschwitz / Maschwitz	Gemeinsam Stille entdecken. München 1995
Müller, E.	Hilfe gegen Schulstreß. Reinbeck b. Hamburg 1995
NLI (Hildesheim)	Mit Kindern Stille entdecken. o. O., o. J.
Preuschhoff, G.	Kinder zur Stille führen. Freiburg im Breisgau 1996
Rozman, D.	Meditation für Kinder. Freiburg 1996
Schneider / Schneider	Meditieren mit Kindern. Mühlheim a.d. R. 1994
Teml / Teml	Komm mit zum Regenbogen. Linz 1996
Vopel, K.	Im Wunderland der Phantasie. Cloppenburg 1989
Vopel, K.	Zauberladen. Salzhausen 1995

Literatur zur sanften Verführung

Kindererziehung, Schule, New-Age-Pädagogik

Zur Einführung
Stilleübungen und Fantasiereisen. Moderne Wege der Pädagogik? Plädoyer für eine okkultfreie Schule. Hannover 1997 (10. Auflage, Hannover 2008; 100 Seiten, 6.50 Euro)
Der Lehrplan des New Age. Kleines Lexikon der New-Age-Techniken. Hannover 2004 (150 Seiten; 9.50)

Zur Vertiefung für Eltern, Lehrer und Studierende
New-Age-Pädagogik. Wege und Irrwege der modernen Pädagogik. Hannover 2003 (450 Seiten; 16.80 Euro)

Schulungsmaterial für christliche Gemeinden, Familien, Schulen und Heimschulen
Seid wachsam. Lasst euch nicht verführen. Anti-Okkultismus-Training (90 Seiten).
Nicht mit mir! Informationsblätter zur New-Age-Pädagogik (für Jugendliche und Eltern, 20 Blätter)
New Age, Gesundheit, Wellness, Medizin, Psychotherapie, Psychotechniken
Meditation und Yoga. Entspannungs- und Heilmethode oder religiöser Heilsweg? Hannover 2003 (120 Seiten; 7.50 Euro)
Vorsicht! Hypnose. Auf dem Wege zur Hypnosegesellschaft. Hannover 2002 (140 Seiten; 7.50 Euro)
Der Lehrplan des New Age. Kleines Lexikon der New-Age-Techniken. Hannover 2004 (150 Seiten, 9,50)
sowie
Entspannungstechniken. Anti-Stress-Programme oder Magie?
Visualisierung – Hilfe durch innere Bilder?
Psychotherapien. Hilfen der Seelsorge oder Werkzeuge des Okkultismus?
NLP (Neurolinguistisches Programmieren) – Magie im wissenschaftlichen Gewand?
Magie. Magische Rituale und Praktiken in Schule und Gesellschaft.
Was ist Schamanismus?

alle Schriften erhältlich beim
Lichtzeichen-Verlag: 05232-960120 / 21 (Fax)

oder bei *alpha press*
Feldmannhof 50, 30 419 Hannover
FON/FAX: 0049 - (0)511 - 211 00 40
www.alpha-press.de
www.bildungsreport.de

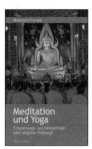